« L'imagination est plus importante
que la connaissance. »
A. Einstein

PRÉFACE

J'ai toujours eu la passion des voyages. Enfant, je voulais parcourir le monde pour aller rencontrer tous ces autres humains et découvrir d'autres façons de vivre et de penser.
Adolescente, je me disais souvent que je ferais bien d'aller voir ailleurs quand mon cœur s'engourdissait et quand la réalité devenait trop difficile...
« *Change quelque chose et tout changera* » était mon leitmotiv : alors j'ai souvent changé de couleur de cheveux, d'appartement, de métier et même d'amoureux...
Jusqu'au jour où j'ai compris que j'avais beau changer de décor, la décoration intérieure ne changeait pas pour autant.
C'est alors que j'entrepris le plus flippant et le plus merveilleux des voyages pour aller à la rencontre de moi-même. Des années de psychothérapie m'ont aidée à trouver ma voie (voix). J'en ai fait mon métier.
Avec Isabelle Pailleau, mon amie et associée, nous adorons nous former. Chaque nouvelle formation est un voyage. Il y a quelques années, nous avons choisi d'aller explorer le monde merveilleux de l'hypnose. Et là, la claque ! Comment avais-je fait pour passer à côté de cette discipline pendant toutes ces années ?
Quel bonheur de voir les patients progresser à pas de géant !
L'hypnose fait aujourd'hui partie intégrante de notre pratique et des formations de coaching que nous donnons à la Fabrique à Bonheurs.
On nous demande régulièrement des conseils de lecture sur l'hypnose. Et nous nous sommes souvent dit qu'il faudrait un livre qui explique les choses de manière claire et ludique. Un livre qui donne envie et confiance pour aller à la rencontre de notre inconscient.
La lecture du livre de Catherine comble ce désir.
Dans son ouvrage, Catherine nous invite au plus merveilleux des voyages et son mode de transport est enveloppant, émouvant et pédagogique.

Un voyage intérieur à la rencontre de notre inconscient et de ses merveilleuses ressources. Un périple passionnant à la découverte d'un nouveau langage qu'elle sait rendre accessible.
Cette invitation hypnotique est aussi une œuvre d'art. Les illustrations de Catherine racontent une histoire qui touche nos sens et notre imaginaire, permettant d'encore mieux s'approprier les outils de pilotage.
Ce livre donne envie de parler couramment cette langue jubilatoire et salvatrice qu'est l'hypnose. Pour tout cela, merci !

Audrey Akoun, psychothérapeute, formatrice et conférencière
(www.lafabriqueabonheurs.com)

SOMMAIRE

PARTIE 1

À LA DÉCOUVERTE DE L'HYPNOSE

Voici ce que vous allez découvrir…

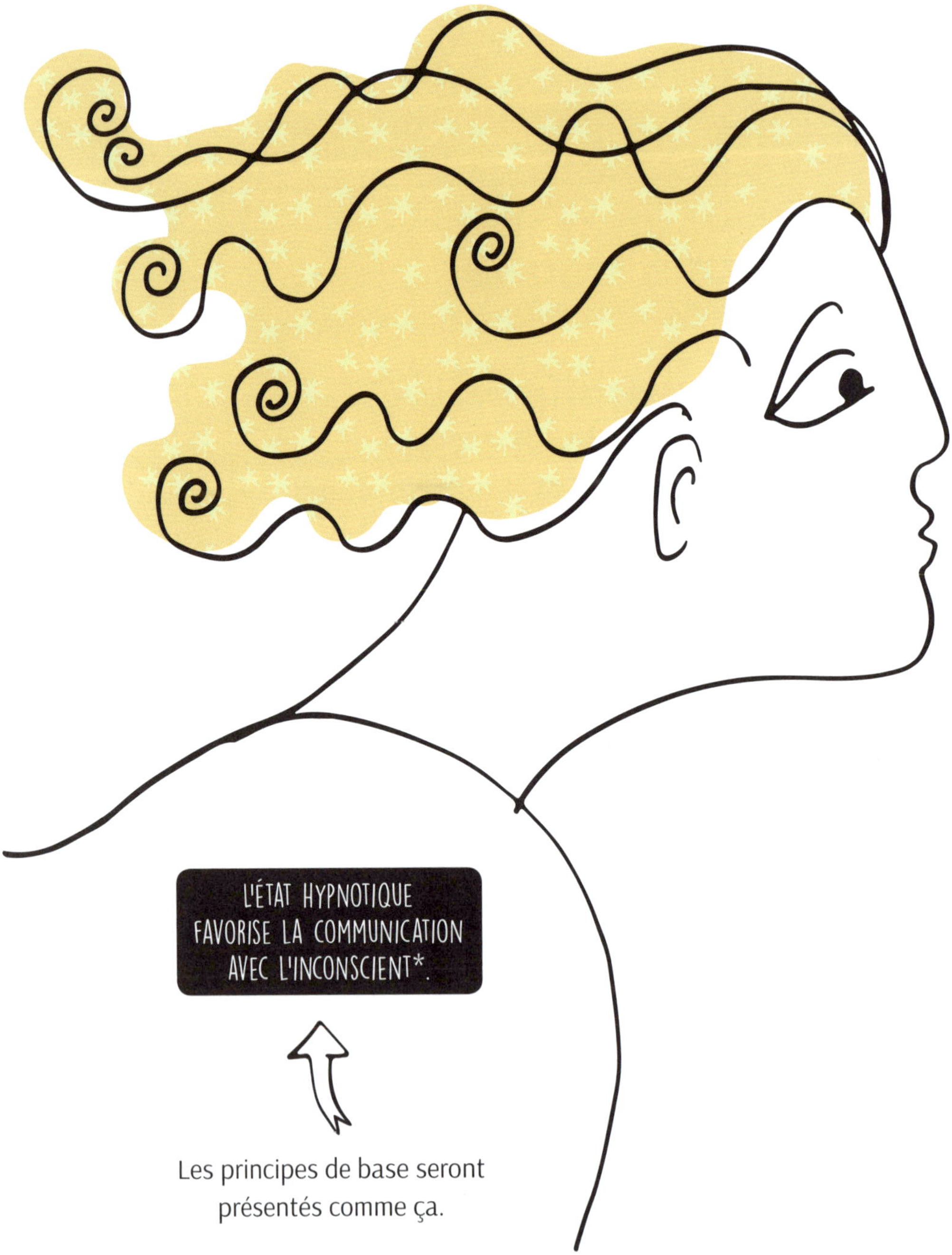

Les principes de base seront présentés comme ça.

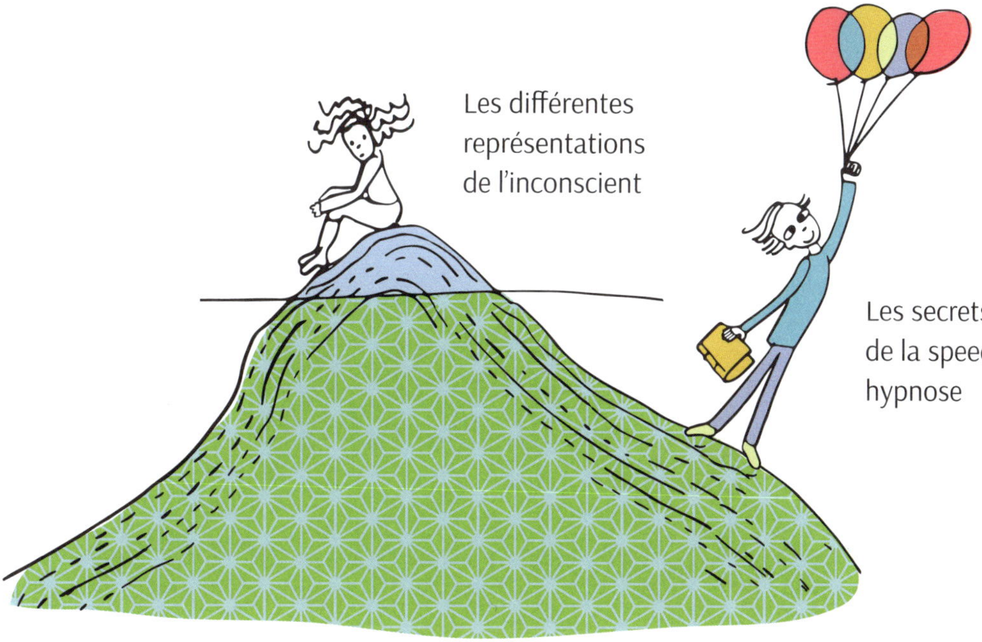

Les différentes représentations de l'inconscient

Les secrets de la speed hypnose

La vie de Milton Erickson

Le pouvoir des suggestions*... et bien d'autres choses encore !
Mais commençons par le commencement !

MY STORY

Il était une fois
une femme de 43 ans
qui n’allait pas bien.
(C’était moi.) Elle bénéficia
d’une séance d’hypnose,
tout à fait par hasard,
et elle alla super mieux.
Elle voulut en savoir plus.

En ce temps-là, je me sentais contrainte, impuissante, enfermée…

J’étais d’autant plus désespérée que j’avais tout pour être heureuse…

J'étais fatiguée d'être moi-même, de ressasser je ne sais quoi. Bien sûr, j'avais des frustrations, des contrariétés, peut-être plus qu'avant, ou accumulées, en tout cas je n'arrivais plus à les digérer.

J'en voulais de plus en plus à mes proches de ne pas me venir en aide.

Je cherchais quelqu'un qui me sorte de là !

Je ne voyais plus la lumière du jour.

Je me sentais triste et malheureuse, malheureuse et désespérée.
Je ne voyais pas à quoi me raccrocher.

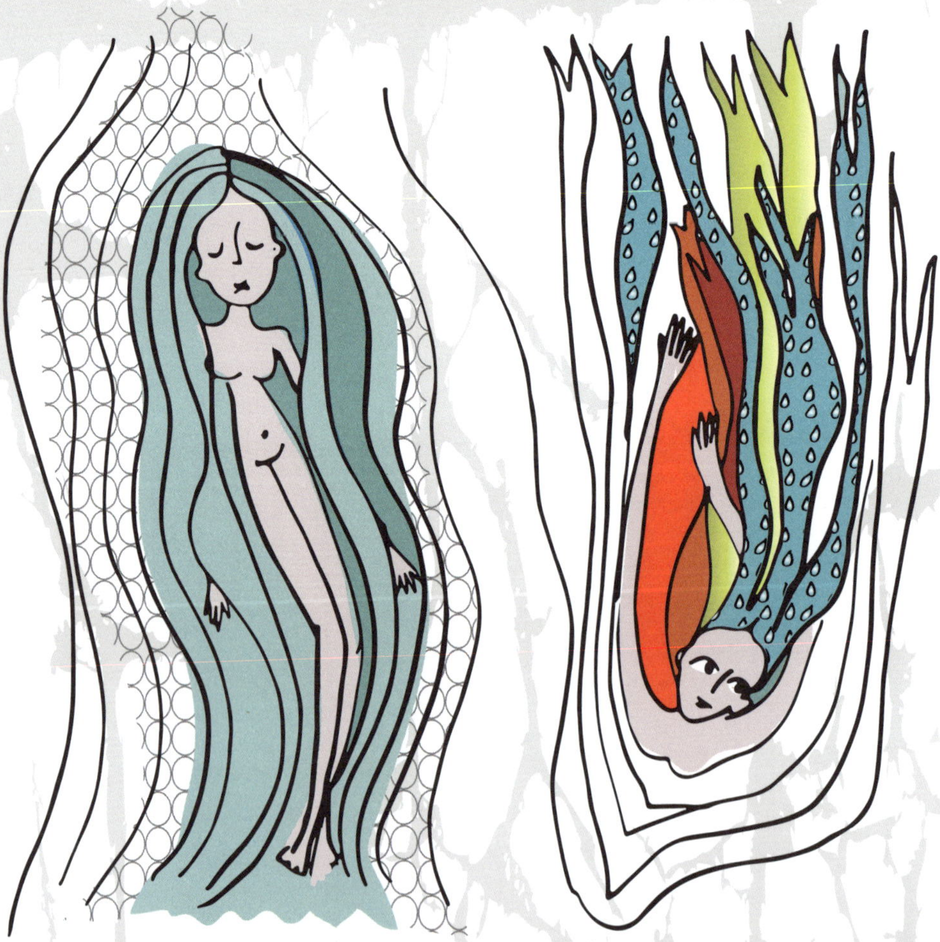

Comme un serpent qui se mord la queue…
je n'arrivais pas à sortir de mon malaise intérieur…

J'avais travaillé sur mon enfance, je connaissais les épisodes douloureux. Je connaissais peut-être les pourquoi… et je me sentais si petite encore… alors que le temps passe et que je suis grande pourtant, tandis que… j'étais sur le point de me faire dévorer par ma tristesse…

Aujourd'hui, j'ai retrouvé des sensations
de joie, oubliées depuis l'enfance peut-être.

Et ce qu'on se raconte rayonne autour de soi.
Ce qu'on se raconte attire les choses
qui nous arrivent…

CHANGER D'ÉTAT INTÉRIEUR

Ainsi tout dépend de notre état intérieur* (EI). Toutes les psychologies s'accordent sur la nécessité de changer notre EI quand il est pourri…

Et qu'en changeant à l'intérieur, ça influe sur l'extérieur.

Pour changer d'état intérieur, il suffit juste de changer la bobine du film que l'on se passe 24 h/24.

Mais en fait, comment faire pour changer les bobines qui sont dans ma tête ?
Le film que je me fais de moi fait intégralement partie de moi. C'est ma vie ! Je ne peux pas m'en défaire.
Ça, c'est encore un truc que tu te racontes.

Dans notre tête, il y a tout un stock d'images. On peut donc choisir ce à quoi on pense, et plus on pense à quelque chose, plus on élargit les connexions neuronales. Il est temps de reprendre le contrôle de la situation.

Notre cerveau est à notre disposition. Il est vrai que son fonctionnement ne nous a pas été expliqué. « *On passe plus de temps dans notre vie à comprendre le mode d'emploi d'un mixer, que sur le fonctionnement de son propre cerveau.* », dit Richard Bandler[1]. Ce qu'il faut savoir, c'est qu'on ne peut pas éprouver deux états intérieurs contradictoires en même temps. C'est ce qui nous sauve !

1. Richard Bandler et John Grinder sont les inventeurs de la PNL (programmation neuro-linguistique).

Ainsi quelqu'un de 100 % déprimé doit fournir un effort considérable pour arriver à créer lui-même cet état de dépression, car nos perceptions et nos EI changent tout le temps, et il lui faut transformer toutes ces perceptions en EI négatifs. Quel travail !

C'est comme si la connexion entre les événements extérieurs et l'état intérieur avait creusé un petit sillon.

À force d'être emprunté, d'être vérifié, ce petit sillon est devenu une autoroute.

Avec l'hypnose, notre esprit va prendre d'autres chemins, des petits chemins de traverse bien différents. Les autoroutes sont abandonnées, l'esprit établit de nouvelles connexions afin de respirer de nouveau, dans la vraie nature de son être.

Prends conscience de ton EI et fais-le varier en 2 minutes, c'est toi qui as le pouvoir !

Tu as envie d'aller
mieux n'est-ce pas ?
Ou encore mieux que mieux ?

Pose-toi 2 minutes,
confortablement,
ferme les yeux.
Eh, mince tu ne peux plus lire la suite...
Trouve un endroit confortable où tu pourras oublier un instant le monde extérieur en toute sécurité. À l'intérieur de toi, retrouve dans ton esprit le souvenir d'un moment où tu t'es senti bien... cherche bien.

Lis cette page
et change d'état
intérieur.

Utilise tes belles
capacités d'imagination.

Où c'était, qui il y avait... ? Regarde les images, profondément à l'intérieur, fais-les grandir peut-être, plus colorées, plus brillantes, c'est mieux ? Y avait-il des parfums ? Des sons ? Je ne sais pas, retrouve tout cela... Utilise tes souvenirs et ton imagination... Fais comme si... Respire profondément pour t'inspirer davantage. Une image fait parfois surgir un autre souvenir, plus agréable encore, une expérience plus intense... encore plus détendue... Plonge dedans pour ressentir ce qu'il y avait à ressentir. Concentre-toi sur les mouvements intérieurs et extérieurs... voilà, imperceptiblement tu as changé d'EI. Et si tu ne retrouves pas d'expérience satisfaisante, fais « comme si ». Comme ce serait bien si...

Le cerveau fonctionne en stockant des informations. Le conscient a la capacité de stocker 5 à 9 informations à l'instant T. Tout ce qui vient en plus est stocké dans l'inconscient, qui, lui, est illimité. Un tri se fait en fonction de ce qui intéresse la personne. En fonction de ce qu'elle cherche à vérifier. 60 000 pensées nous traversent par jour et nous ne sommes conscients que de 5 % de ces pensées.

Astuce : le cerveau ne connaît pas la négation. Si vous lisez : « *Ne pensez pas à un éléphant bleu* », et pof immédiatement votre cerveau, sous forme d'image ou de pensée, fait apparaître cet éléphant bleu d'une façon ou d'une autre… alors que je vous ai demandé de ne pas y penser.

Cette histoire de négation est essentielle surtout quand on veut se fixer un objectif. Quand vous dites « je ne veux pas être stressé », le cerveau entend « être stressé ». Dommage ! Votre cerveau va construire des autoroutes vers le stress, pour vous satisfaire ! Au lieu de « pas de stress, je fuis le stress… », remplacez par « je cherche le calme » (par exemple, ou tout autre chose qui vous conviendra mieux).

LES OBJECTIFS SE FORMULENT DE FAÇON POSITIVE POUR CONNECTER LES BONNES SYNAPSES ENSEMBLE.

Mais, on ne peut pas changer la réalité !
Pour une partie du cerveau, la réalité ou ce qu'on se raconte a le même goût que la réalité.
Ma chère, la réalité n'existe pas !
Précise la réalité « émotionnelle », sinon tu vas te faire allumer.
Ça y est, je me suis fait allumer.
Tout le monde a une perception subjective... De fait l'objectivité n'existe pas.
Donc, on ne peut pas dire « tout » le monde.

Ce qui est sympa, c'est qu'on n'a pas un éléphant pareil… Nos représentations sont personnelles… Ce qui pose la question de la communication. Oui, c'est vrai ça, alors comment communiquer si personne ne parle de la même chose ? C'est la notion de carte du monde*.

DE LA PERCEPTION DE LA RÉALITÉ... À LA CARTE DU MONDE

Visuel Auditif Kinesthésique Olfactif Gustatif

Nous percevons tous la réalité avec nos cinq sens. Selon les personnes, certains sens prédominent, on retrouve ainsi :

- **les visuels** utilisent les mots suivants : voir, la vue, les images, brillant, clair, coloré, couleur, la lumière, sombre, clarté, regarder... ;
- **les auditifs** sont particulièrement attentifs aux intonations, aux rythmes, à la sonorité des phrases, aux paroles, aux mots, à la musique, ils écoutent, ils entendent ;
- **les kinesthésiques** sont sensibles aux sensations, au toucher, au chaud, au froid, au confort physique... douceur, gratter, texture... ;
- **les olfactifs** et les gustatifs font partie des kinesthésiques, ils utilisent aussi un langage spécifique.

C'est pour cela que face à un même événement chacun va réagir de façon unique, en fonction de ses expériences sensorielles filtrées. L'inconscient a encore accès à toutes les perceptions de départ. Aussi, il est capable de faire de nouveaux apprentissages d'après des expériences passées.

Ainsi on ne peut jamais donner de conseil à un autre que soi-même. Le « *Moi à ta place j'aurais fait ça !* » n'a aucun sens, parce que chacun se promène avec sa carte du monde unique et personnelle.

Pour être heureux, pour vivre une belle vie, il suffit juste de… changer sa perception du monde, de soi.

Bref, tout simplement de changer les histoires que l'on se raconte…

Les pros appellent ça des croyances (ce qui n'a rien à voir avec les croyances religieuses). Il y a les croyances aidantes (qui nous aident) et les croyances limitantes (qui nous limitent). Dans certaines circonstances, des croyances aidantes peuvent être limitantes et vice versa.

L'INSTALLATION DES CROYANCES

INSTALLATION D'UNE CROYANCE AIDANTE*

Elle est adoptée comme une vérité, et...
... devient une partie de la réalité de la personne.
INSTALLATION D'UNE CROYANCE LIMITANTE*
ORIGINE
Ma grande sœur
Tu es nulle tu n'arriveras à rien.
De toute façon, je n'y arriverai jamais.
À quoi ?
Ben euh... À tout !
3 x 6 ?
Euh... je sais pas... 36 ?
En plus c'est trop nul de se sentir nulle.
Je suis trop nulle, je n'arrive pas à apprendre.
Ma tête est un fromage avec des trous partout...
J'ai eu mon bac, mais on le donne à tout le monde.
BAC
Mes enfants me trouvent nulle.
Ma mère est nulle, au secours !
Je n'arrive à rien retenir.
J'ai 38 ans et je me sens encore complètement écrabouillée par ma sœur.
Je suis vraiment nulle de ne pas arriver à sortir de ça.

C'est difficile d'identifier nos propres croyances. Elles sont si proches de nous qu'on peut aisément les confondre avec la réalité.
Ce sont des petites phrases, des suggestions avec lesquelles nous avons été mis en contact, des pensées, des idées, des réflexions, qu'on a pris et qu'on a gardés comme des vérités absolues.

Les croyances touchent toutes les sphères de notre vie. Elles peuvent être reliées entre elles, servies en rafale. Elles peuvent être contradictoires !
On peut les contourner, les modifier, les recadrer en hypnose.

On est complètement hypnotisé par les histoires qu'on se raconte, et qu'on ne cesse de vérifier, quitte à modifier la représentation du monde que l'on a.

D'où la difficulté de reconnaître qu'une croyance n'est qu'une croyance et que l'on peut la modifier, s'en débarrasser. La transformer, c'est reconnaître aussi que l'on a eu un mauvais fonctionnement à un moment donné… vraiment ?

La subtilité c'est que, à partir de maintenant, tous les reproches que l'on peut se faire tombent à l'eau.
Dorénavant, la culpabilité n'aura plus jamais sa place… dans votre vie, parce que :

À CHAQUE INSTANT, CHACUN FAIT LE MEILLEUR CHOIX POUR LUI, SELON LES INFORMATIONS DONT IL DISPOSE.

Choix conscients comme choix inconscients puisque, de toute façon, nous ne sommes conscients que de 7 % du champ d'information qui nous entoure. Avouez que ce n'est pas grand chose ! Ce qui est important, c'est de comprendre que les « j'aurais dû, je devrais », tous les regrets et les remords n'ont plus lieu d'être. Prenez une grande respiration, parce que c'est une nouvelle vie qui commence.

On n'a pas forcément conscience de toutes nos croyances, certaines ont pris racine il y a très longtemps… Avant…

1970 : un bébé pleure et crie pour déclencher une réponse de la part de l'adulte qui s'occupe de lui. L'adulte met du temps à venir… le bébé va relier sa colère, son désespoir avec le fait que l'on s'occupe de lui. Le cerveau valide le processus et le généralise.

1976 : grosses crises de pleurs ! Grosses crises de cris ! Vérification du processus.

2006 : renforcement du comportement de colère à la suite d'un sentiment de détresse professionnelle.

2016 : la façon de communiquer n'étant pas adaptée à la vie d'adulte, la répétition de la stratégie apprise dans l'enfance ne déclenche pas toujours l'effet recherché.

QUAND CE QUE TU FAIS NE FONCTIONNE PAS, FAIS N'IMPORTE QUOI D'AUTRE, C'EST-À-DIRE QUE SI TU N'OBTIENS PAS L'EFFET DÉSIRÉ, CHANGE DE STRATÉGIE.

Chaque croyance consciente ou inconsciente peut entrer en conflit avec d'autres croyances, générer des incongruences, des points de souffrance, des comportements curieux.

Ainsi, une personne ne peut être réduite à son comportement. Pour enclencher un processus de changement, commencez par ne plus vous identifier à vos comportements.

Différencier la personne de son comportement permet de révéler son processus et de repérer les croyances limitantes.

2. Milton H. Erickson est le père fondateur de l'hypnose ericksonienne.

TROUVEZ VOS CROYANCES LIMITANTES

Cochez ce qui résonne en vous :

- [ ] C'était mieux avant.
- [ ] Les pauvres sont plus sincères que les riches.
- [ ] L'argent fait le bonheur.
- [ ] Les hommes sont tous les mêmes.
- [ ] Les femmes ne sont jamais satisfaites.
- [ ] Les femmes sont des catastrophes au volant.
- [ ] Les hommes petits sont complexés.
- [ ] J'ai toujours eu ce problème de dualité.
- [ ] Qui vole un œuf vole un bœuf.
- [ ] Ma mère ne m'aimait pas.
- [ ] Je ne crois pas avoir des croyances.
- [x] Je ne suis pas doué(e) pour les langues.
- [x] Je suis nul(le) en math.
- [ ] Je n'ai pas la main verte.
- [ ] Plus on est gros, plus on est généreux.
- [ ] Il n'y a pas d'amour heureux.
- [ ] On ne peut pas aimer la même personne toute sa vie.
- [ ] La raison du plus fort est toujours la meilleure.
- [ ] C'est vraiment difficile la vie.
- [ ] La vie est belle, il suffit de tirer son épingle du jeu.

Comme vous l'aurez remarqué : toute généralisation est une croyance.

Comme vous l'aurez remarqué : la phrase ci-dessus est aussi une croyance.

N'est-ce pas ?

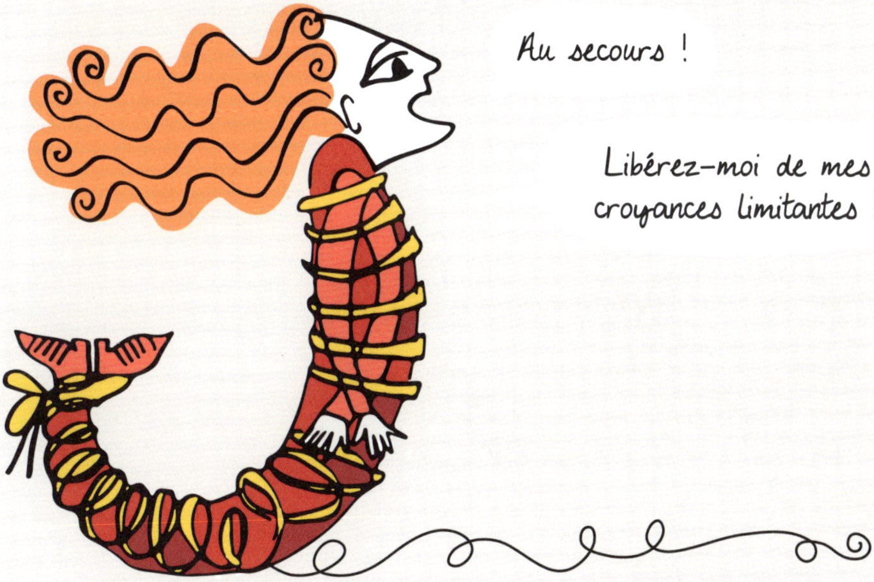

Et vous, cher lecteur, notez vos croyances ci-dessous. C'est très facile, il suffit de noter ce que vous pensez de la vie, des hommes, des femmes, de vos parents, des enfants, de la télé, de vous-même...

. . . .

. . . .

. . . .

. . . .

. . . .

. . . .

. . . .

. . . .

. . . .

. . . .

. . . .

. . . .

. . . .

L'hypnose nous invite à une vision très pragmatique qui respecte notre propre carte du monde. C'est aidant, on garde. C'est limitant, pouf à la poubelle, ou plutôt on remplace, parce que la nature a horreur du vide.

Les changements qui se produisent sont forcément positifs parce que notre inconscient va prendre en compte la globalité de notre être.
(Les pros parlent de changements « écologiques ».)

Ainsi, nous sommes prisonniers de nos propres pensées, manipulés par nous-mêmes, en état de sommeil, voire de cauchemar. Nous pratiquons une autohypnose négative !

L'hypnose thérapeutique n'est-elle pas notre seule chance de pouvoir enfin nous éveiller à nous-mêmes et prendre conscience de ce qui nous anime !

L'HYPNOSE, COMMENT ÇA MARCHE ?

L'ÉTAT DE TRANSE* PERMET DE CONTOURNER LES BARRIÈRES DU CONSCIENT.

L'hypnose va agir sur nos représentations internes tout simplement.

On sait depuis 100 ans, depuis Freud, que l'inconscient existe... Mais au final il est sympa ou pas ?
Bon, je vais le faire !
De toute façon, je n'ai plus rien à perdre, tellement je me sens mal...
Ma peur, c'est de revivre des choses chelous... et comme il paraît qu'il se passe ce qu'on croit qu'il se passe, du coup j'ai encore plus peur...

En hypnose, les changements prennent racine au niveau symbolique. Le conscient n'a pas conscience du réel travail qui est fait par l'inconscient…

L'ÉTAT D'HYPNOSE

Il paraît que c'est comme une porte qui s'ouvre entre le conscient et l'inconscient.

Un seul mot peut déclencher une tempête émotionnelle, d'où l'importance d'être bien accompagné !

MON AMI L'INCONSCIENT

Certains comparent l'inconscient à un ange gardien, qui veille sur nous depuis toujours...

Et vous ? Qu'en pensez-vous ?...

D'autres s'imaginent un vieux sage tout ridé.

Et vous ?...

Trauma d'origine

D'autres à un gros disque dur avec une barre de recherche, bien pratique pour zoomer sur des informations précises.

Et vous ?...

D'autres à une immense bibliothèque qui contient tout sur vous depuis le début, et même avant le début... et même avant la fin d'un autre début... et ainsi de suite...

Et vous ?

D'autres se sentent connectés à un gros *Cloud* avec un échange de données dans tous les sens, et qui forme un inconscient collectif.

Et vous ?...

D'autres encore le comparent à un bébé ignorant et têtu qui fait des constructions comme bon lui semble. Il faut lui donner des ordres pour qu'il obéisse.

Et vous ?...

D'autres le perçoivent comme un réservoir de pulsions purulentes, dont il vaut mieux se protéger.

Et vous ? Quelle image conviendrait le mieux pour décrire votre inconscient ?...

Une espèce de boîte de Pandore…
qu'il vaut mieux ne pas ouvrir ?!

Et vous ?…

Comme une bombe à retardement… !
Le plus tard sera le mieux… et idéalement jamais !

Milton Erickson, père fondateur de l'hypnose ericksonienne, est le premier à parler d'un inconscient actif, bienveillant et respectueux de la personne.

L'INCONSCIENT EST UN RÉSERVOIR DE RESSOURCES.

J'aime l'image de la face cachée de l'iceberg. Bien plus immense qu'on ne se l'imagine, et sur lequel tout repose…

D'après les dernières recherches des neurosciences, l'idée est qu'il se passe quelque chose, ailleurs et en dedans, connecté à l'intérieur et à autre chose à la fois. Dans tous les cas, le conscient c'est 5 à 10 % de ce qui nous anime.

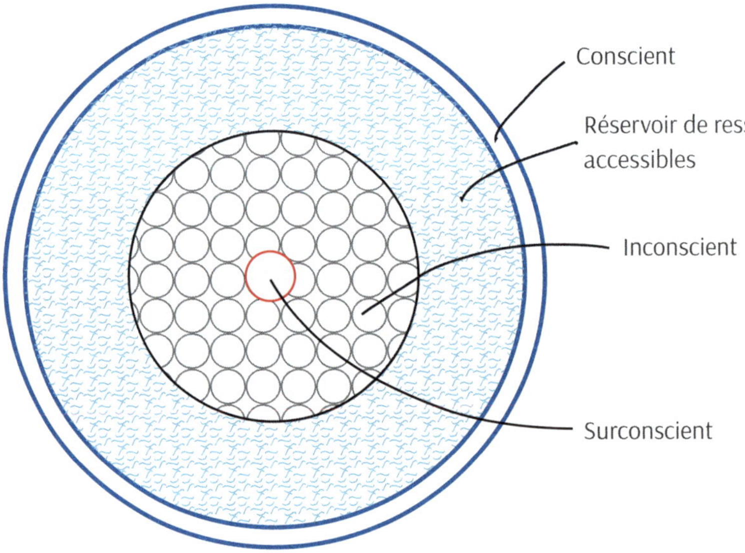

Au-delà de l'inconscient, des mémoires, d'autres choses sont aussi disponibles.

Toutes ces représentations de l'inconscient sont ok… et ne vont pas empêcher le travail thérapeutique… chacun sa carte du monde !

Envoyez-moi votre représentation de l'inconscient pour la prochaine édition.

Pour résumer : j'ai conscience qu'il y a des choses dont je n'aurai jamais conscience, et puis y'a des choses qui étaient inconscientes et qui sont devenues conscientes, comme des petites bulles qui remontent à la surface... Donc il y a un inconscient qui devient conscient et un inconscient qui reste inconscient...
Et tu n'as pas besoin que tout devienne conscient. En hypnose, le principe est de travailler au niveau inconscient.
Le principal c'est que les changements désirés se produisent, n'est-ce pas ?

Je nais d'un état de dissociation*.
Conscient
Inconscient
L'HYPNOSE EST UN ÉTAT DE DISSOCIATION ENTRE CONSCIENT ET INCONSCIENT.

Il y a plusieurs courants dans l'hypnose, plusieurs écoles, ma vision est avant tout ericksonienne, c'est-à-dire issue des travaux de Milton Erickson, psychiatre américain à qui l'on doit, entre autres, l'idée d'un inconscient plein de ressources...

Erickson comparait l'inconscient à un supermarché, où l'on peut venir chercher toutes les ressources en libre-service.

CHACUN POSSÈDE EN LUI TOUTES LES RESSOURCES NÉCESSAIRES POUR EFFECTUER TOUS LES CHANGEMENTS DÉSIRÉS.

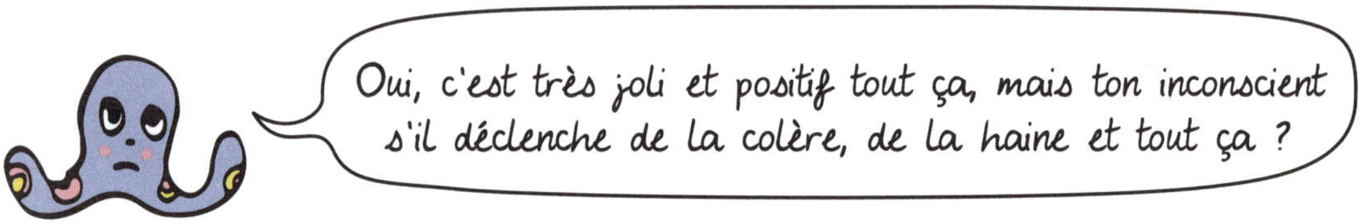

EN FAIT, CE QU'IL FAUT COMPRENDRE, C'EST QUE : DERRIÈRE TOUT COMPORTEMENT, TOUT SYMPTÔME, SE CACHE UNE INTENTION POSITIVE.

Une intention positive, souvent inconsciente donc. Pour le démontrer, l'expliquer, l'expérimenter et le comprendre, on peut raconter que chacun est composé de différentes parties.

Je me demande quelle partie de moi veut que je sois en colère ?
C'est moi ! Ça te cause un problème ?
Oh ! C'est à moi tout ça ?
Heu… et c'est quoi ton intention positive ?
Je veux qu'on te respecte !

Oui, ça me pose un problème parce que les autres... comme je leur crie dessus, ils trouvent que je ne les respecte pas !
Appelle un thérapeute parce qu'il va falloir négocier.
HÉ !
Salut, je suis la partie qui a honte.
Ah ouais ! Et c'est quoi ton intention positive ?
C'est pour rester discrète parce que si on nous voit, on peut nous faire du mal.
Mort de rire. Dans la vie, il faut s'affirmer pour se faire respecter !
Hé ho, je suis la partie qui aime faire la fête. Alors mettez-vous d'accord qu'on aille fêter ça !
Mes différentes parties n'ont pas la même vision des choses.
Je comprends pourquoi je me sens si divisée !

L'HYPNOSE, UN ÉTAT NATUREL

L'état hypnotique existe depuis le début de l'humanité.

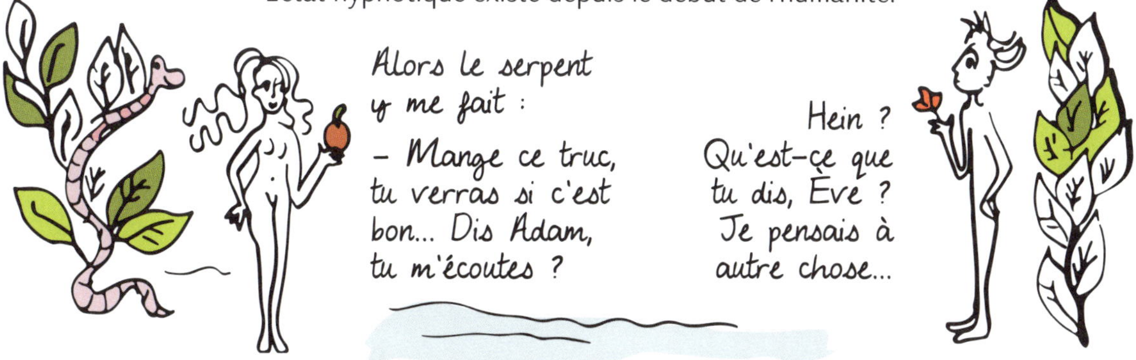

Un manuscrit cunéiforme décrit des guérisons en état modifié de conscience, en Mésopotamie, il y a déjà 6 000 ans... Antiphon d'Athènes, contemporain de Socrate, écrit sur le frontispice de sa maison : *« Je guéris avec des mots. »*

COMMENT ENTRER EN TRANSE ?

Une certaine confusion favorise l'état hypnotique.

Tout comme monsieur Jourdain[3] qui faisait de la prose sans le savoir, nous sommes en état de transe plusieurs fois par jour. C'est un état de distraction ou d'hyperconcentration. On l'appelle EMC (état modifié de conscience) pour le distinguer de l'EOC (état ordinaire de conscience).

Comme ces enfants qui partent dans la lune. Ils sont à la fois ici et ailleurs. Un état si naturel que nous n'en avons pas forcément conscience quand il se produit toutes les 90 minutes environ (selon le cycle ultradien découvert par Peretz Lavie[4]).

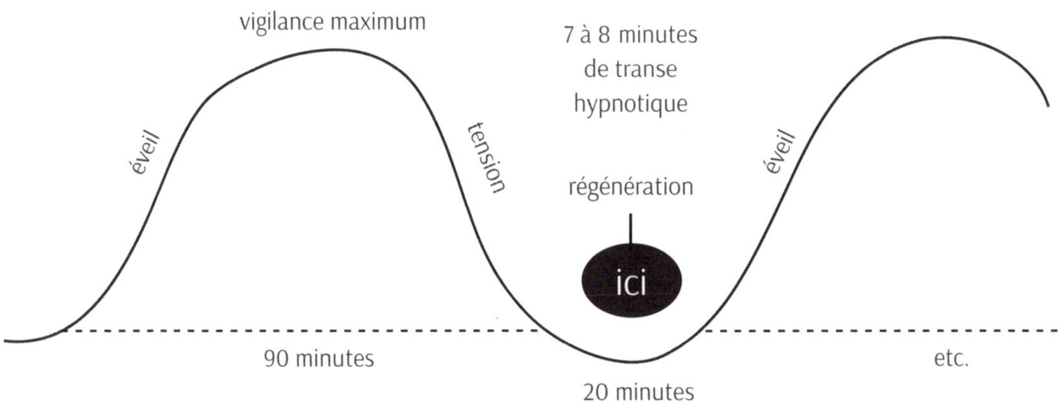

3. Personnage de la comédie *Le Bourgeois gentilhomme* de Molière.

4. Voir bibliographie.

Vous entrez en transe, par exemple, quand vous êtes absorbé devant votre série préférée… ou par votre travail bien sûr ☺. On peut dire aussi « état d'absorption ».

Le monde extérieur devient moins intéressant. Il se produit alors une distorsion du temps. Comme sur cette autoroute… sur un trajet connu, ou inconnu, monotone peut-être… je ne sais pas. Tout à coup, vous ne savez plus où vous êtes. Avez-vous déjà passé le péage ?

Qui conduit la voiture alors ?
– Votre inconscient bien sûr !

Et pendant que vous pensiez tout à fait à autre chose, mais à quoi déjà ? Hyperconcentration, distraction, focalisation sur des pensées intérieures, état de veille paradoxale[5] ? Vous « décrochez » du monde extérieur, et le temps prend son envol. Et vous, cher lecteur ? Êtes-vous là ? Ne partez pas en transe avant d'avoir lu encore trois pages.

---

5. Selon François Roustang (voir bibliographie).

UNE

Voila pourquoi on aime se plonger dans un livre, écouter de la musique, regarder un film… s'échapper vers un ailleurs ressourçant. Être bien, ne rien faire, laisser faire, oublier le monde extérieur, en toute sécurité, lâcher prise… et faire en sorte que le temps s'écoule plus ou moins vite.
Les Français regardent la télé 3 h 45 par jour… la transe s'installe au bout de 20 minutes… Choisissez bien votre programme !

Partir en transe c'est exercer sa capacité d'imagination.

TROIS PAGES

La transe naturelle est une façon de digérer la réalité d'un événement, d'une journée. Une façon de se détendre, de se ressourcer… Après le cycle de la transe, l'enfant peut de nouveau se concentrer. Le laisser faire. En tant que parent, on peut utiliser cette faculté qu'ont certains de nos enfants à se focaliser devant les jeux vidéo, par exemple, parce que l'état de transe est un état où la personne est plus réceptive aux suggestions. Et les suggestions sont plus efficaces que les injonctions.

AVANT

APRÈS

Pour un résultat optimum, songez à bien vous synchroniser* avec votre enfant.

PETIT COURS DE SPEED HYPNOSE

MA TOUTE PREMIÈRE RENCONTRE...

Comme pour beaucoup d'enfants, qui ont aujourd'hui 40 et quelques années, ma première rencontre avec l'hypnose s'est faite avec Kaa, le serpent qui a bien failli manger Mowgli tout cru. « *Dors petit homme, fais un somme, c'est le marchand de sable qui passe.* » Mowgli tombe dans une torpeur délicieuse, le serpent le berce. L'hypnose s'apparente alors au sommeil, à un état de relaxation profond très agréable, mais semble livrer Mowgli au pouvoir de l'hypnotiseur. « *Aie confiance* », chante Kaa d'une voix douce pendant que ses yeux étrangement colorés se dilatent... Puis il sussure : « *Regarde-moi dans les yeux* », et en quelques secondes, il hypnotise Bagheera la panthère. Quant au puissant tigre Shere Khan, il affirme haut et fort quand Kaa tente de l'hypnotiser, impressionné par le pouvoir de l'hypnotiseur, que celui-ci n'en a pas sur lui ! Et là tout est dit ! Le pouvoir de l'hypnotiseur est très relatif. Que serait-il arrivé à Mowgli dans le livre de la jungle si Bagheera la panthère ne l'avait pas sauvé de Kaa ? Hein ?

C'est très bien d'avoir raisonnablement peur d'être « manipulé ». Il s'agit de prendre des précautions, de s'interroger sur la bienveillance de l'hypnotiseur et sur ses compétences. L'hypnose a toujours attiré toutes sortes de personnes avides d'exercer un pouvoir. Qu'en est-il réellement ? Nous l'étudierons en détail un peu plus loin.
L'hypnose de Kaa s'apparente à l'hypnose flash, à la speed hypnose, qui utilisent des inductions (mises en transe) rapides comme celles de l'hypnose de spectacle. L'état hypnotique ainsi obtenu est techniquement le même qu'en hypnose thérapeutique. Le cadre de travail et l'objectif ne sont pas les mêmes, c'est ce qui fait toute la différence.

Dans ce dessin animé, le spectateur reçoit tout plein d'informations. Je valide que certaines personnes sont plus sensibles que d'autres à l'hypnose rapide (on dit suggestibles), et que la transe hypnotique est un état de grande relaxation, où le monde extérieur perd de son intérêt, et où le temps passe différemment. Par contre, en cas de danger, vous serez immédiatement réveillé. Votre inconscient vous protège tout le temps.

Cela m'amuse toujours de constater que certains de mes interlocuteurs sachant que je suis hypnologue baissent les yeux ou changent de position le plus discrètement possible pour éviter mon regard, au cas où j'entrerais en action et prendrais le contrôle de leur volonté... pour faire quoi, d'ailleurs ? (Hum hum, vous allez me donner des idées ☺)
De façon amusante, la crainte d'être hypnotisés les place justement dans un état de réceptivité favorable. Pourquoi ? Parce qu'ils m'attribuent alors un pouvoir, ils sont donc en attente d'être impressionnés. L'attente, la curiosité, craintive ou non, sont des facteurs déterminants pour hypnotiser quelqu'un en quelques secondes. Hélas, je n 'ai pas encore réussi à faire les yeux multicolores qui se dilatent ! ☹

Préfères-tu entrer en état hypnotique lentement et tout de suite, ou rapidement et très très vite ?

En speed hypnose, street hypnose, flash hypnose... hypnose de spectacle, les tests de suggestibilité* permettent de repérer les 30 % de personnes les plus suggestibles (c'est-à-dire réceptives à une induction rapide). L'induction est la période pendant laquelle on passe de l'état ordinaire de conscience (EOC) à l'état modifié de conscience (EMC).

L'INDUCTION : COMPARATIF

En hypnose ericksonienne, l'induction se fait par paliers successifs et 100 % des personnes sont hypnotisables à condition d'être « bien » accompagnées.

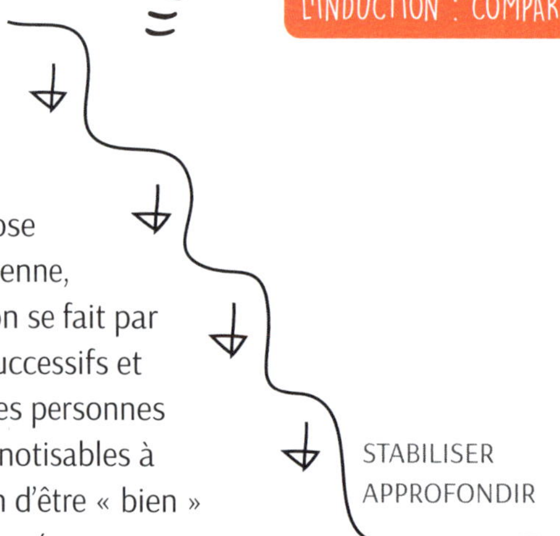

En speed hypnose, la transe s'installe de façon immédiate.

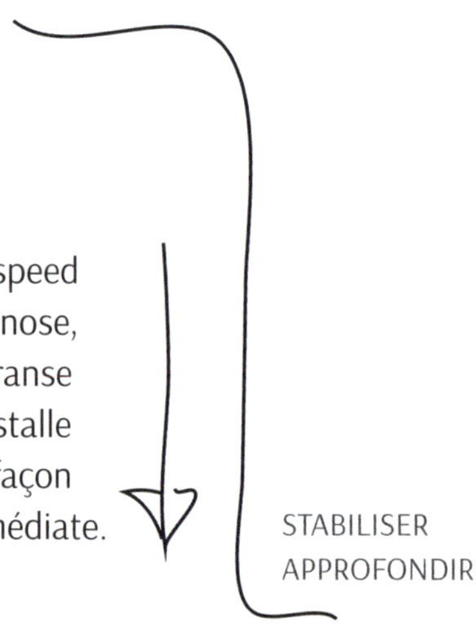

TEST DE SUGGESTIBILITÉ

L'hypnotiseur de spectacle sélectionne les spectateurs les plus suggestibles, c'est-à-dire les plus réceptifs à l'hypnose directive. Pour les repérer, il fait passer des tests.

L'hypnotiseur place la personne debout, les pieds joints et pose une main sur son épaule pour asseoir son autorité. Il affirme ainsi sa position haute : « C'est lui le chef. » Il regarde si elle suit attentivement ses indications.

Toutes les réponses donnent des informations précieuses sur l'état d'esprit d'une personne. Si elle attire l'attention, gigote ou coupe la parole, c'est qu'elle fait preuve d'un état de déconcentration que l'on peut interpréter comme un refus d'entrer dans le jeu.

LE TEST DES BALLONS

Script : Je vous propose de tendre les bras devant vous, face aux épaules, bien droits et bien tendus. La main droite, paume vers le ciel, très bien. La main gauche sur la tranche, c'est cela, le pouce tendu en l'air. Parfait. Je vais vous raconter une histoire et observer simplement comment votre corps va réagir... Vous n'avez rien à faire, qu'à laisser faire et rester concentré sur le son de ma voix.

Décodage : Physiologiquement, tenir le bras paume vers le haut est plus difficile, la position de l'épaule est plus fatigante que lorsque la main est sur la tranche. Ce qui favorise le sens de la démonstration.

Pour vous concentrer, vous pouvez choisir de fermer les yeux, maintenant ou plus tard, comme vous le souhaitez. Il n'y a rien à faire, qu'à écouter ma voix et la détente qui s'installe pendant que vos bras sont, eux, bien tendus. Dans la main droite, paume vers le ciel, je vais vous demander d'imaginer que je place ici un volume d'une lourde encyclopédie, alors que sur le pouce gauche je noue une petite ficelle au bout de laquelle est attaché un ballon d'hélium...

Comme vous le savez, l'hélium est un gaz plus léger que l'air, et le ballon s'envole, léger, léger, dans le ciel, entraînant tout votre bras vers le haut...

Puis on ajoute encore des ballons ou des montgolfières, et, sur l'autre main, des volumes d'encyclopédie, ou des pianos à queue, et ainsi de suite (3 fois).

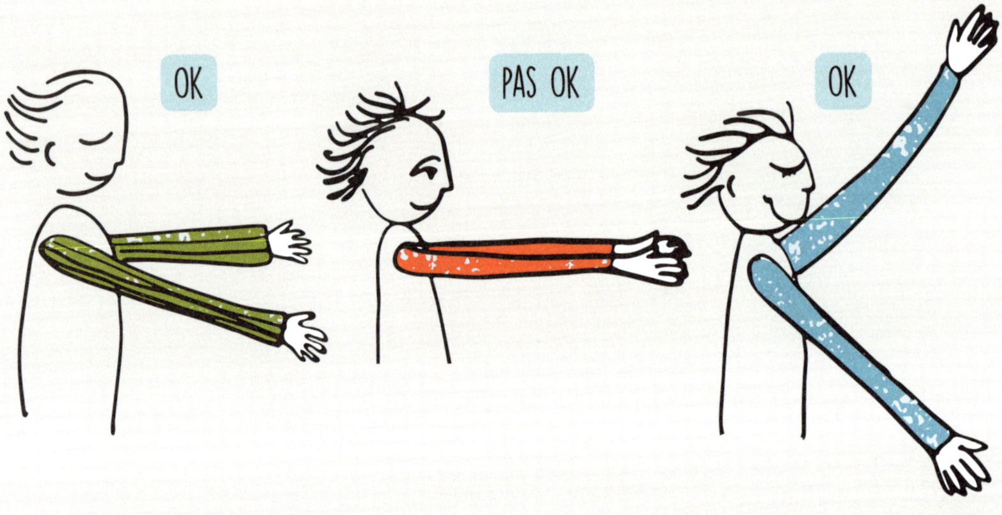

Décodage : Si vos bras ont bougé, c'est ok. Vous avez bien suivi les suggestions, vous êtes donc suggestible à ce moment-là. La suggestibilité varie au cours de la journée, de l'humeur et de la vie. Un bras qui monte « inconsciemment » tremblote un peu et se lève par petites saccades. Si, au contraire, le mouvement est fluide, c'est le conscient qui le conduit.

DU POUVOIR DE L'HYPNOTISEUR

Dans l'hypnose de spectacle, tout est fait pour démontrer la puissance et le pouvoir de l'hypnotiseur. Plus l'hypnotiseur va impressionner la personne, plus la mise en transe sera facile et rapide. C'est pour cela qu'il cultive son charisme.

Comment ça marche ?

La mise en transe est basée sur la rupture de pattern.

Le pattern est un schéma répétitif qui permet à notre cerveau d'être en pilotage automatique. L'hypnotiseur vient interrompre ce schéma et créer la surprise, la personne devient alors ultra-suggestive... le temps de quelques fractions de secondes seulement. Il suffit alors de donner l'injonction attendue : « Dors ! »

PRINCIPE D'UNE MISE EN TRANSE QUASI IMMÉDIATE

On retrouve ce même schéma dans différentes mises en œuvre :

1. Créer l'attente : on dit ce qui va se passer.
2. Créer la routine : mouvement répétitif (pattern).
3. Complimenter la personne, afin qu'elle se détende.
4. Insérer un élément confusionnant.
5. Créer la surprise : rupture du pattern.
6. Donner l'injonction « dors » au moment exact où la personne est surprise.
7. Stabiliser si ça a marché, ou recommencer avec une autre routine, ce qui permet aussi de fractionner la mise en transe.
8. Approfondir.
9. Donner les suggestions.
10. Réveiller la personne.

LA RUPTURE DE PATTERN

Un exemple : la poignée de main. Très spectaculaire, cette rupture de pattern est un incontournable de la street hypnose.

1. L'hypnotiseur vient vous serrer la main, un geste connu et reconnu s'il en est. Votre cerveau entre en « pilotage automatique ». (Serrer la main est un pattern.) Si vous savez que vous avez affaire à un hypnotiseur, vous êtes en état d'attente. Le fait qu'il vous tende la main est un geste rassurant et vous vous détendez. Vous vous dites : « Ce n'est pas pour tout de suite. » Si c'est un parfait inconnu, vous êtes aussi en attente : « Quelle est cette personne qui vient me saluer ? »
2. L'hypnotiseur brise le schéma en attrapant votre poignet avec sa main gauche et en mettant soudain celle-ci devant votre visage. (Rupture kinesthésique et visuelle.) Il crée la surprise.
3. Votre cerveau bugue. « Qu'est-ce que je dois faire ? », se demande t-il.
4. L'hypnotiseur offre la réponse : « Dors ! » Votre cerveau obéit, soulagé.
5. L'hypnotiseur doit immédiatement stabiliser et approfondir cet état, ou savoir courir vite... si ça n'a pas marché.
6. Attention aux chutes. Une personne en transe peut perdre l'équilibre. Elle est sous la responsabilité de l'hypnotiseur.
7. Enfin, il n'oubliera pas de vous réveiller ☺ : « Je vais compter jusqu'à 3 et à 3 tu seras parfaitement réveillé... 1, 2, 3. »
8. Tout repose sur des techniques, il n'y a pas de « pouvoir magnétique » ou autre.

LA RECETTE DE L'HYPNOTISEUR DE SPECTACLE

- L'acceptation du jeu par les personnes hypnotisées, qui correspond à leurs valeurs et motivations.
- La position haute de l'hypnotiseur, son autorité, la confiance qu'il dégage et qui se transmet d'inconscient à inconscient.
- L'attente craintive, impatiente ou curieuse de la personne qui va être hypnotisée.
- L'effet d'entraînement : la mise en transe des premiers « essayeurs » renforce l'attente (« c'est bientôt à moi, oh là là ! ») et déclenche une puissante autosuggestion (« ça marche alors ! »).
- Les différents tests de suggestibilité permettent d'écarter les « résistants ». Ces tests successifs fractionnent la mise en transe (induction). Et le fractionnement accentue la profondeur de la transe. Quand le sujet est bien préparé, un claquement de doigts suffit pour le plonger en état hypnotique :
  - devant les yeux : rupture de pattern visuelle,
  - à côté de l'oreille : rupture de pattern auditive. Ce qui donne un effet spectaculaire.

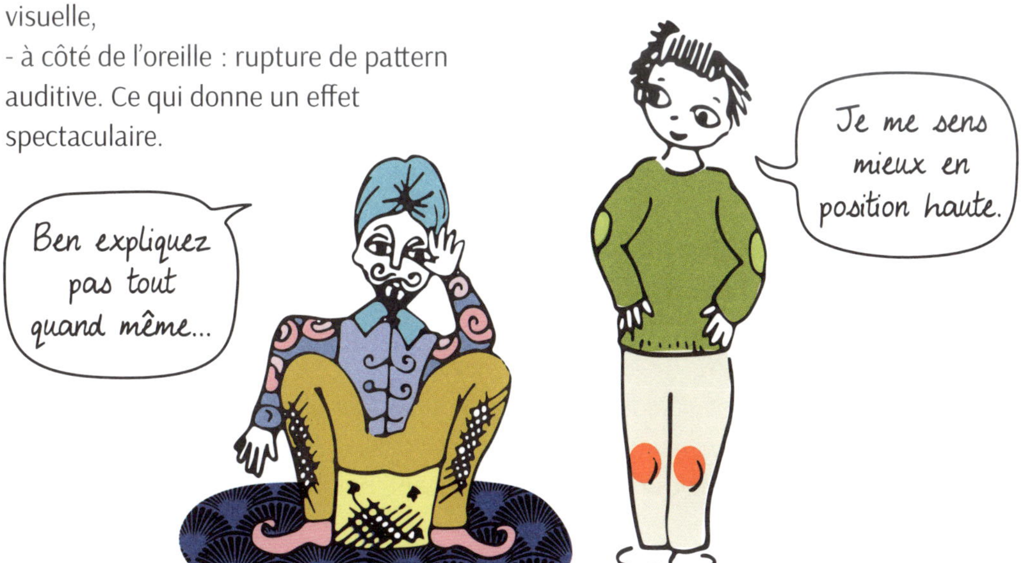

L'hypnotiseur a le pouvoir qu'on veut bien lui prêter.

Mon prof de speed hypnose m'a hypnotisée et fait cette formidable suggestion : « *Tu vas revenir ici et maintenant, au compte de 5, avec la plus grande joie de vivre que tu n'aies jamais connue. 1...2...3...4...5* ». Ça a marché, je suis revenue en éclatant de rire... et j'ai pu expérimenter ainsi que mon état intérieur pouvait changer, et que j'avais toutes les ressources à l'intérieur pour faire les changements désirés, toute cette joie de vivre était bloquée à l'intérieur de moi depuis bien trop longtemps. Elle ne demandait qu'à s'exprimer. Une vraie libération. Quelle surprise, quel choc, quelle joie, et que de changements !

CE N'EST PAS L'ÉTAT HYPNOTIQUE EN LUI-MÊME QUI GUÉRIT, MAIS LE TRAVAIL THÉRAPEUTIQUE FAIT À CE MOMENT-LÀ.

LE POUVOIR DE LA SUGGESTION

En transe hypnotique, « *ce qui est dit fait*[6] », c'est-à-dire que ce qui est dit produit un résultat. Ou encore, la personne en état de réceptivité va incorporer et interpréter ce qui est suggéré. Il suffit donc de dire, de demander, de proposer, avec simplicité, pragmatisme et efficacité. Dans la vie courante, on réagit (ou pas) aux suggestions. Pourquoi est-on davantage frappés, impressionnés par telle phrase plutôt que telle autre ?... C'est la grande question que se posent les thérapeutes, et les publicitaires. Tout, en fait, est suggestion :

- « Achetez cette voiture et vous vous sentirez bien ! »
- « Cette crème vous rend plus belle... ! »

Tout est hypnose ! (Si ça fait de l'effet.)

Rien n'est hypnose ! (Si ça n'en fait pas.)

Certaines suggestions adoptées très fortement... se transforment donc en croyances !

Il suffit juste d'un moment de plus grande suggestibilité... un moment de confusion peut-être, lié à une perception sensorielle associée... voire à un « choc »... Et, tout d'un coup, une phrase, une suggestion a l'air vraie, forte, comme une révélation !

6. Selon la formule de Frank Platzek.

Tel un caillou lancé dans l'eau, la suggestion fait des ronds… qui se propagent au fur et à mesure… à leur rythme, et plus loin on peut voir de petites vagues…
Tous les changements sont mis en place par notre inconscient qui nous veut du bien. Il adopte les suggestions si elles lui conviennent. Rien n'est imposé, personne ne peut vous manipuler, faites confiance à votre inconscient !

J'ai eu envie que tout le monde éprouve « *la plus grand joie de vivre, que l'on n'a jamais connue* » !
Dans le restaurant où je propose des « voyages hypnotiques » en séances individuelles de 5 minutes, je réponds à toutes sortes de questions.

Et puis en rencontrant d'autres personnes et en recueillant des témoignages d'autres praticiens j'entends parler de choses qui m'intriguent...
Je me rends compte que je suis au tout début d'un apprentissage passionnant.

SORTIE DE TRANSE, TÉMOIGNAGES

J'ai senti mon corps partir sur la droite. Je ne voulais pas revenir.

Si j'avais été dans mon lit, je me serais endormi.

J'ai entendu la voix de l'hypnotiseur tout au long de la séance.

J'ai senti du froid, du chaud, puis encore du chaud...

Je me suis dit : « Mais où veut-elle en venir ? », et j'ai décroché...

J'ai rien senti, j'ai rien vu. Une grande détente... c'est tout.

LA TRANSE EST UNE EXPÉRIENCE PERSONNELLE ET UNIQUE.

Il s'agit donc d'une régression, puisque, en hypnose, on peut aller chercher très loin des souvenirs… tout est stocké comme des champs d'informations, et même encore plus loin, des souvenirs d'autres vies… peut-être.

Enfant intérieur bloqué, comme un fragment de soi, une partie séparée à l'intérieur qui est restée collée et qu'il s'agit de réconforter de « faire grandir » et de réintégrer.

LE TOUR DES INTERROGATIONS ET RÉTICENCES

Si on n'a pas conscience de tout ça, c'est bien qu'il y a des raisons, non ? J'ai peur de rencontrer la face obscure de ma personnalité.

La vision de l'inconscient comme réservoir de pulsions et de refoulement date de Freud, qui s'est servi de l'hypnose directive pour démontrer et prouver l'existence de l'inconscient. Il a ensuite abandonné la pratique de l'hypnose qu'il jugeait aléatoire, et donc peu scientifique.
Votre inconscient vous veut du bien, c'est votre meilleur ami.

Non merci, vraiment, je ne voudrais pas perdre contenance… Si je me mets à baver, tout ça…

La transe hypnotique procure une grande sensation de détente du corps, et du visage… de la mâchoire inférieure. On ne le dira à personne.

Y a-t-il des contre-indications ? Je suis diabétique.

Pas de contre-indication, hors les psychotiques et les schizophrènes qui sont des personnes déjà dissociées. Les limites de l'hypnose sont les limites de l'accompagnateur, son savoir-faire, son savoir-être.

Est-ce qu'on peut ne pas se réveiller ?

C'est la peur et la question la plus courante. Et la réponse est NON. On n'entre pas dans une sorte de coma. Ce n'est pas parce que l'on travaille avec l'inconscient que l'on devient inconscient… Et comme tout état intérieur, il ne dure qu'un temps. Donc OUI on se réveille, et en pleine forme, comme « après une bonne nuit de sommeil », si l'hypnotiseur a eu la délicatesse de faire cette suggestion.

Je suis 100 % cartésien. J'ai toujours gardé le contrôle total. Comptez pas sur moi pour lâcher prise.

Paradoxalement, c'est en lâchant prise que l'on reprend le contrôle de sa vie.

Vous voulez me piquer le numéro de ma carte bleue, c'est ça ?

En théorie, personne ne vous fera faire quelque chose qui irait contre vos valeurs. Mais connaissez-vous vos valeurs ?

C'est-y pareil que la sophrologie ? La méditation ? Et le magnétisme ? Le rêve éveillé ?

Ben non, c'est pas pareil. On recense plus de 345 thérapies. L'hypnose fait partie des thérapies brèves et est certainement la plus ancienne. Il y a plusieurs courants dans l'hypnose thérapeutique : l'hypnose classique, l'hypnose ericksonienne, l'hypnose spirituelle... L'hypnose ericksonienne a donné naissance à la PNL (programmation neuro-linguistique) et à la sophrologie.

Je suis toujours partant pour faire de nouvelles expériences... Mais pas ce soir, merci.

La disponibilité de chacun, ou suggestibilité, change au cours de la vie, des heures, des minutes. Lors d'un rendez-vous chez le thérapeute, en général on s'est déjà préparé.

Je crains de révéler des secrets. Peut-on parler sous hypnose ?

Oui, on peut parler sous hypnose. Et c'est même nécessaire pour certains protocoles. L'hypnose n'est pas utilisée comme détecteur de mensonges, car les souvenirs remémorés ne sont pas forcément fiables. On peut même créer de nouveaux souvenirs, des faux donc.

Est-ce qu'on peut se sentir pire qu'avant ? Je ne voudrais pas prendre de risque vu que j'éprouve un certain équilibre dans mon mal-être ?

Avoir envie d'aller mieux, faire la démarche de se faire aider, c'est déjà accepter qu'il est possible d'aller mieux. Prendre un rendez-vous, c'est déjà faire une partie du travail.

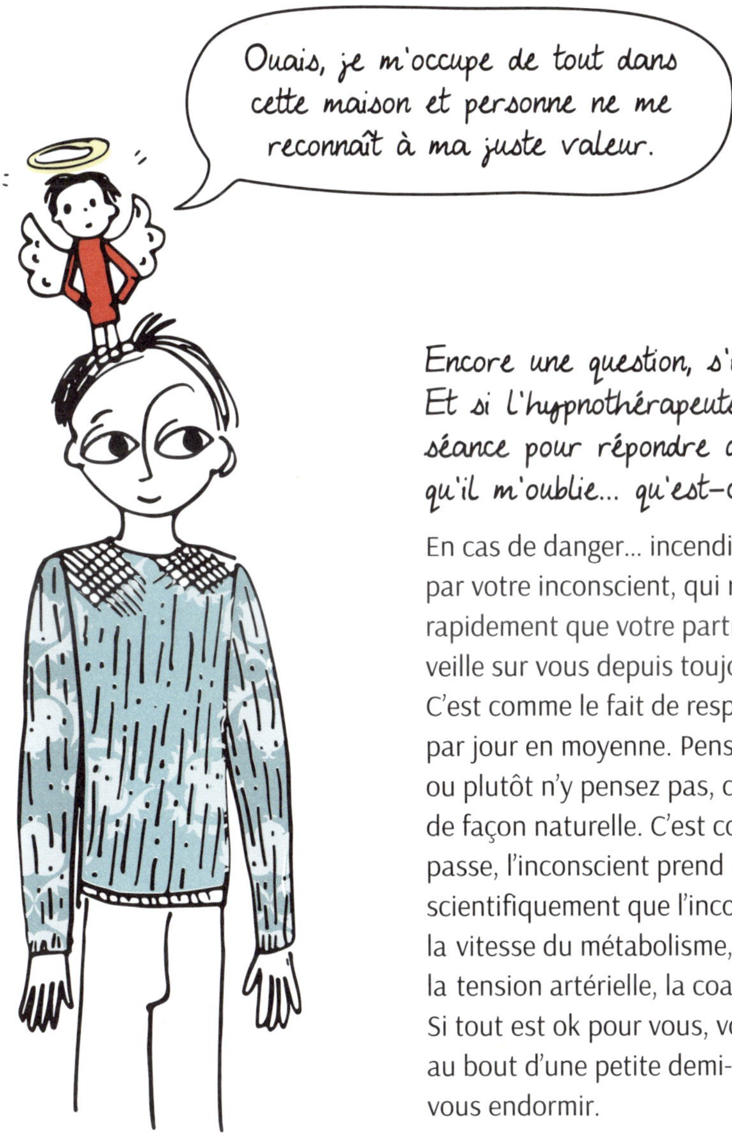

Encore une question, s'il vous plaît ! Et si l'hypnothérapeute part en pleine séance pour répondre au téléphone et qu'il m'oublie… qu'est-ce qui se passe ?

En cas de danger… incendie… vous serez réveillé par votre inconscient, qui réagit 10 fois plus rapidement que votre partie consciente et qui veille sur vous depuis toujours.
C'est comme le fait de respirer… 23 000 cycles par jour en moyenne. Pensez à votre respiration, ou plutôt n'y pensez pas, car vous respirez de façon naturelle. C'est comme ça que ça se passe, l'inconscient prend le relais. Il est prouvé scientifiquement que l'inconscient régule la vitesse du métabolisme, la cicatrisation, la tension artérielle, la coagulation du sang…
Si tout est ok pour vous, vous allez vous réveiller au bout d'une petite demi-heure… ou carrément vous endormir.

HYPNOSE DIRECTIVE ET HYPNOSE PERMISSIVE

L'HYPNOSE CLASSIQUE

L'hypnose classique se contente de faire des suggestions qui ressemblent à des ordres : « *à partir de maintenant, tu vas arrêter de fumer...* ». Ce qui peut marcher. Cela dépend de la réceptivité de la personne.
C'est la pratique de l'hypnose la plus répandue dans le monde. Elle est facile à mettre en œuvre, pour chaque problématique il y a des scripts tout faits. On l'appelle aussi hypnose elmanienne, car elle est issue des travaux de Dave Elman[7] qui a contribué à élaborer des techniques de mise en transe rapide.
Dans ce type d'hypnose, la personne est plongée rapidement (en 4 minutes) dans une transe assez profonde, les suggestions sont données de façon directe, sous forme de scripts préétablis lus par le praticien. L'elmanien travaille avec des métaphores standards (800 environ pour couvrir les différents cas).

Certains médecins formateurs souhaitent que ce métier soit exclusivement réservé aux soignants, or beaucoup de médecins ne sont pas prêts à passer à l'hypnose, et être soignant n'est pas dans ce domaine une garantie de compétence.

7. Dave Elman a contribué entre autres à élaborer des techniques de mise en transe rapide. Il a formé beaucoup de médecins à l'hypnose pour travailler sur la douleur (analgésie).

L'HYPNOSE ERICKSONIENNE

L'hypnose ericksonienne, issue des travaux de Milton Erickson, psychiatre américain, est une hypnose pratiquée surtout en France, et le monde entier nous l'envie car elle est subtile. La différence avec l'hypnose classique réside dans la façon d'aborder les processus et dans les protocoles. L'hypnose ericksonienne, c'est de la haute couture. Le thérapeute travaille en fonction de la personne... Prenons l'exemple d'une personne qui consulte pour arrêter de fumer : le thérapeute va remonter à l'origine de l'intention positive de la première cigarette, travailler sur l'estime de soi, opérer un recadrage ou encore mettre en place un travail de deuil... C'est vaste, précis et jamais deux fois pareil, parce que c'est adapté à chaque cas. La différence fondamentale, c'est la position du thérapeute : haute pour les elmaniens et basse pour les ericksoniens. La position influe sur le langage lors de l'induction, mais aussi sur le travail thérapeutique et la façon de construire les métaphores lors de la séance.

UN STOP-TABAC : VÉRIFICATION DE L'OBJECTIF

Le bon thérapeute va vérifier à quoi sert la cigarette. Il va questionner autour... de façon à travailler sur le vrai problème. Bien souvent la demande réelle de la personne n'est pas forcément ce qu'elle livre en premier.

Et si la cigarette lui sert effectivement à quelque chose d'important, d'ordre identitaire par exemple, il vaut mieux travailler d'abord sur l'essentiel. C'est une question de bon sens et c'est la responsabilité du thérapeute.

L'AUTOHYPNOSE

Comme l'hypnose est un état naturel, chacun peut apprivoiser et utiliser cet état de lâcher prise pour faire travailler son inconscient : amplifier ses ressources, ses états intérieurs positifs, trouver des solutions nouvelles et améliorer son quotidien.

L'autohypnose permet un état de détente et de relaxation, un état très proche de la méditation. La transe reste légère[8] et fonctionne très bien pour faire de la visualisation positive. Par exemple : un sportif pourra visualiser les gestes techniques et « vivre » la course parfaite, afin de ressentir toutes les sensations associées. Le cerveau va alors établir les connections neuronales. Et le jour J, le sportif sera à même de se mettre dans l'état désiré afin d'optimiser ses performances.
L'autohypnose permet aussi d'amplifier un état intérieur particulier. Lorsque vous éprouvez un certain bien-être, vous pouvez l'augmenter, en vous plongeant dans vos sensations, en observant votre respiration, en écoutant ce qu'il y a à écouter, en vous immergeant dans votre souvenir positif.

8. Voir les différents niveaux de transe p. 122.

L'autohypnose a ses limites. Un des principes essentiels de l'hypnose est la dissociation entre le conscient et l'inconscient. Or, forcément, en autohypnose le conscient dirige... il est donc présent au premier plan !

Pour le grand public, il existe de bons MP3 sur des thèmes qui couvrent de multiples champs d'application, mais qui ne sont pas comparables à un travail d'accompagnement en cabinet. Dès que l'on écoute une voix extérieure ce n'est plus de l'autohypnose mais bien de l'hypnose !

Si vous vous enregistrez, pensez bien à préparer votre réveil par quelques suggestions précisant la durée en minutes par exemple, l'inconscient est très précis sur les durées, les horaires ou les événements. « Quand une personne franchira cette porte, tu te réveilleras immédiatement dans un état de grande détente et de disponibilité. » (Pratique au bureau !) (Et surtout pas de MP3 au volant.)

L'autohypnose permet aussi de poser des ancres* de façon à changer d'état intérieur à la demande... Dans certains cas, les thérapeutes vous enseignent des méthodes pratiques et accessibles vous permettant d'être autonome.

POSER UNE ANCRE

Le principe : se connecter à un état intérieur, dont on a besoin aujourd'hui, au travers d'expériences passées. Associer cet état à un stimulus de façon à le rendre accessible à la demande.

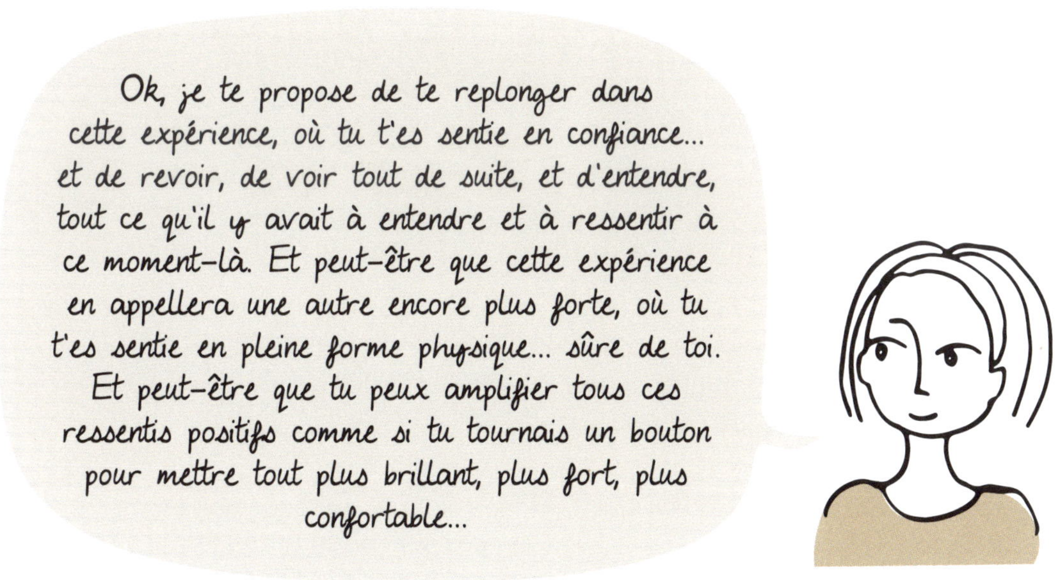

On amplifie les sensations, et quand vous êtes au top du ressenti positif...

On appuie à un endroit neutre avec la main, le bras... un endroit précis que vous pourrez vous-même retrouver facilement pour ressentir de nouveau cet état intérieur... La transe est légère, c'est l'évocation du souvenir agréable qui la provoque. L'accompagnant doit être bien attentif pour poser l'ancre exactement au moment adéquat, et appuyer légèrement pendant 15 secondes. Entraînez-vous sans modération, sur des souvenirs positifs évidemment. C'est puissant !

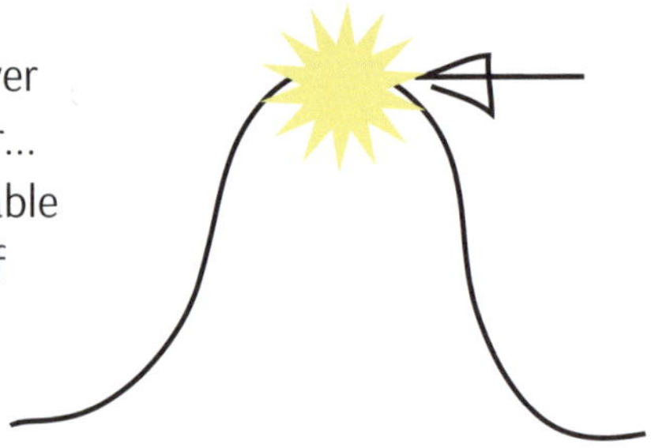

Qu'est-ce qu'une ancre ? Un mot peut être une ancre, mais cela peut être aussi une couleur, un geste... Vous savez le slow sur lequel vous avez dansé pour la première fois avec X... à chaque fois que vous l'entendez (ancre auditive), son visage vous revient en tête, son odeur peut-être et tous les souvenirs associés.

La madeleine de Proust est une ancre avec stimulus olfactif et gustatif. En trempant un gâteau dans son thé, quelque 35 ans plus tard, Proust raconte comment il a accès immédiatement à ses souvenirs d'enfance.
Le phénomène est naturel et puissant, il est aujourd'hui utilisé dans la pratique de l'hypnose thérapeutique de façon courante.

MODE D'EMPLOI POUR SE POSER UNE ANCRE

Aller chercher le souvenir associé à l'état intérieur recherché.

L'amplifier en plongeant sensoriellement dans l'expérience. Appuyer sur le doigt pour ancrer en prenant une grande inspiration.

Recharger l'ancre dans la vie quotidienne à l'occasion d'un EI positif particulier.

Consommer cet état interne positif en sollicitant votre ancre, au moment le plus utile pour vous.

Et maintenant que nous avons exploré les présupposés de l'hypnose thérapeutique, présupposés qui, appliqués, peuvent changer radicalement toute la façon de voir la vie – l'hypnose devient philosophie de vie – je vous propose un voyage à la source du savoir des thérapies modernes... avec Milton Erickson.

QUI EST MILTON ERICKSON ?

À 10 ans, il rencontre un cheval blanc. C'est le cheval d'un des voisins de la ferme de son père qui s'est sans doute échappé. Son père lui dit qu'il faut le ramener au voisin... mais à qui appartient ce cheval ?

Erickson aimait raconter cette histoire...

À l'âge de 17 ans, suite à une attaque de poliomyélite, Milton découvre et teste la puissance de sa volonté.

Je veux voir le soleil se lever,
je veux voir le soleil se lever,
je veux voir le soleil se lever,
à l'aube, demain matin.

Milton rassemble ses forces et se concentre, il veut voir le soleil se lever.

À l'aube, il s'endort épuisé... s'ensuit un coma de trois jours qui le laisse entièrement paralysé.

Si ça bouge, ça veut dire que je bouge.
Si je bouge, ça veut dire que je peux bouger.

Paralysé, Milton est installé sur la terrasse dans un rocking-chair. Tout à coup, il se rend compte que son fauteuil se balance un peu. Est-ce le fruit de son imagination ou de sa puissante volonté ?

Une modification, même minime, dans un environnement catastrophique peut changer radicalement le cours des choses...

Plus tard, il regarde sa petite sœur qui apprend à marcher et décide de l'imiter pour réapprendre tous les mécanismes de la marche. Il met en place le principe de la modélisation.

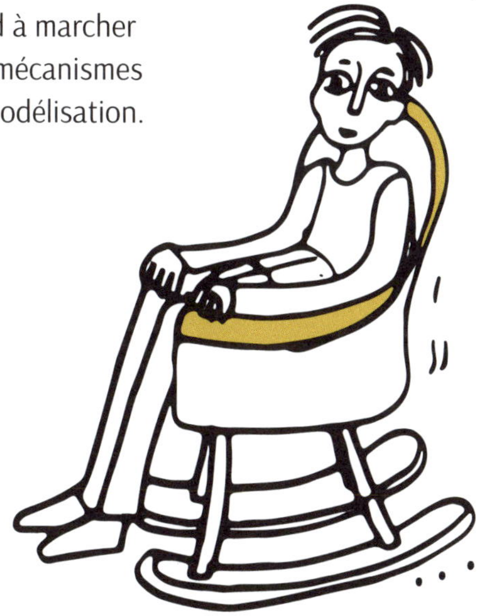

Il utilise ses handicaps pour en tirer des avantages. Il développe l'approche empirique et utilisationnelle*. Il prend conscience de la diversité des cadres de référence.

En observant ses grandes sœurs, il découvre le langage non verbal.

À 21 ans, il entreprend un voyage en solitaire en canoë de 1 700 km pour éprouver ses forces.

À 27 ans, il obtient son diplôme de médecin et exerce en psychiatrie.

À 32 ans, il développe officiellement ses propres recherches sur l'hypnose. Il publie son premier article scientifique.

Pendant près d'un demi-siècle, il travaille auprès de milliers de patients (30 000 séances) et contribue à la naissance des thérapies brèves.

Il développe l'idée d'un inconscient actif et positif.

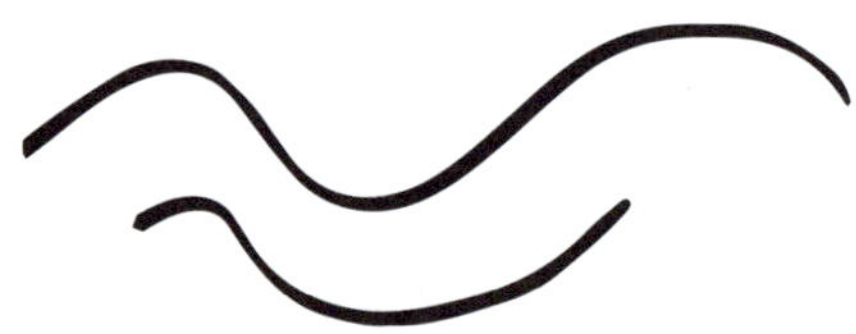

À 51 ans, victime d'une poussée de poliomyélite, il acquiert la certitude que toute douleur peut être réduite.

Il surprend ses visiteurs en les recevant dans un modeste bureau. Il les invite ainsi à se méfier des idées préconçues qui inhibent toute réflexion.

Il rédige de nombreuses publications scientifiques. Ses pratiques ont été codifiées par ses collaborateurs et élèves d'une part, Bateson, Halley et Rossi..., et d'autre part, par Bandler et Grinder.

Erickson considère chaque personne comme unique, il se méfie de toutes les théories comportementales. Son approche est empirique, il établit le contact avec le patient sur son propre territoire. Il crée des situations – prescription de tâches – qui permettent à l'individu de modifier lui-même sa façon de penser. Il recherche un changement spontané.

L'hypnose ericksonienne est arrivée en France en 1984 (trois ans après le décès de Milton Erickson), avec la publication du livre *Un thérapeute hors du commun* de Jay Haley, élaboré à partir d'entretiens qui ont eu lieu dans les années 1950. Jay Haley explique l'approche stratégique d'Erickson, qui procède en deux temps : il traite d'abord la relation du sujet à lui-même en utilisant des métaphores personnalisées, et toutes sortes d'histoires..., puis la relation que le sujet entretient avec les autres et le monde extérieur. Il va lui demander d'agir dans le monde extérieur afin de favoriser un changement concret et spontané de son comportement. C'est ce que l'on appelle les prescriptions de tâches. Le sujet est l'auteur de son propre changement.

LES APPORTS DE MILTON ERICKSON

- Depuis Erickson, l'inconscient est considéré comme une force vitale positive, un réservoir de ressources et d'apprentissage, un lieu de stockage de toutes les mémoires.
- Erickson est dans le non-jugement. Le respect des personnes est total. Il met en valeur leurs aspects positifs.
- Il a créé une forme de langage spécifique pour l'induction, qui favorise l'état hypnotique : le Milton-modèle.
- Il est l'inventeur de l'hypnose conversationnelle. Il ne faisait bien souvent « que » converser avec le sujet, qui ne savait pas forcément qu'il avait été amené en transe hypnotique. Il n'y avait pas de début ni de fin formelle du moment d'hypnose.
- Il a également inventé l'approche utilisationnelle. Il va jusqu'à utiliser les réticences du patient pour l'amener à la guérison.
- Il a révolutionné la psychothérapie, la psychanalyse et la psychiatrie. Dans son approche, il est implicite que l'homme n'est plus considéré comme un être rationnel, le pourquoi n'a plus d'importance, et le conscient n'a pas besoin de tout savoir. Il est le père fondateur de toutes les thérapies modernes.

L'HISTOIRE DE MAMIE VIOLETTE

Lors d'un colloque, un thérapeute demande à Erickson de l'accompagner chez sa tante. La dame est en fauteuil roulant, elle n'a plus le goût de vivre et, bien qu'elle soit catholique, parle de suicide. Erickson aussi est en fauteuil roulant car il a subi une attaque de polio.

Il observe la dame et son environnement. Tout est gris dans la maison, les fauteuils sont recouverts de draps, il y a de la poussière partout.., sur la cheminée il aperçoit un bouquet de violettes.

« Je n'étais pas certain, mais j'ai regardé partout autour d'elle et j'ai cherché ce qui était encore vivant. Ses violettes africaines représentaient le seul signe de vie », expliquera Milton bien plus tard.

« Est-ce que vous accepteriez de faire une dernière chose pour votre neveu ? Quand vous l'aurez faite, vous pourrez toujours retourner à votre projet », propose Erickson.

La dame accepte le principe d'une **prescription de tâche** sans savoir de quoi il retourne.

Erickson lui demande d'apporter des violettes aux mariés à la sortie de l'église.

« C'est tout ?

– Oui. »

Pour mener à bien cette tâche, la dame doit sortir et se rapprocher de la paroisse. Elle se sent obligée de s'habiller, de se coiffer, elle cueille et arrange ses violettes pour former des bouquets. Elle se lève tôt, des fois elle a deux ou trois mariages dans la semaine... Bientôt, on la repère, on la demande, on la réserve... elle a un article dans le journal : « Les violettes porte-bonheur ! » Elle est invitée à toutes les noces.

Elle est débordée et n'a plus le temps de s'occuper de sa dépression.

Une petite chose et tout a changé. Une approche utilisationnelle issue des informations délivrées par le sujet lui-même et une observation attentive du thérapeute.

PARTIE 2

DANS LE SECRET D'UN CABINET

Voici ce que vous allez découvrir…

Comment les clients
qui arrivent comme ça
repartent comme ça !

Car les choses se passent à l'intérieur
et non pas à l'extérieur.
Et tous les procédés qui permettent
de passer de l'un à l'autre.

D'HYPNOSE ERICKSONIENNE

La mise en transe
et les secrets du langage
ericksonien

La position du thérapeute

Les signes de transe
et la profondeur
de la transe

Les histoires encastrées*

Les histoires thérapeutiques et bien d'autres
choses encore... Attention, ça commence !

Je vous propose de vous faire découvrir ce qui se passe dans le secret d'un cabinet d'hypnose. Pour ce faire, je vous invite à vous projeter dans le rôle du client venu me consulter.

Pour qu'une séance d'hypnose fonctionne et arrive à guérir ce qu'il y a à guérir, soigner ce qu'il y a à soigner..., la confiance doit s'installer entre nous et plus encore, et je vous livre ici un grand secret, votre inconscient est invité à faire confiance au conscient et à l'inconscient du thérapeute.

Pendant les premières minutes, vous allez donc raconter ce qui vous amène, votre histoire, et je vais vous poser quelques questions, et surtout vous observer. Ce temps d'échange c'est l'anamnèse. Nous allons établir et préciser ensemble un objectif à atteindre.

93 % de la communication est non verbale.

Pendant cette conversation, pour communiquer aussi d'inconscient à inconscient, je vais me caler sur votre rythme respiratoire et utiliser les mots précis et les expressions que vous utilisez, ils ont pour vous comme pour tout un chacun une signification inégalable, une résonance particulière. Et cela me permet d'être au plus près de votre expérience, de vos représentations mentales, de votre carte du monde. Utiliser votre langage, vos métaphores, est un signal qui est remarqué par votre inconscient, et vous allez donc me trouver immédiatement sympathique. Cette appréciation d'inconscient à inconscient ainsi installée, l'objectif établi, la séquence d'hypnose peut démarrer.

Caler sa respiration sur la respiration de l'autre est un signal fort, une délicatesse, que l'inconscient perçoit 5 sur 5. Pas de confiance = pas de séance.

LES ÉTAPES DE LA SÉANCE D'HYPNOSE ERICKSONIENNE : L'INDUCTION, LE PLATEAU THÉRAPEUTIQUE ET LE RÉVEIL

LA RECETTE DU LANGAGE HYPNOTIQUE

- Je m'appuie sur le Milton Model qui est un langage d'influence… flou et artistiquement vague, les mots et les expressions employés vont se prêter à de multiples interprétations, et c'est ce qui vous permet d'entrer dans un abîme de réflexion favorable à la transe.
- C'est un langage avant tout permissif… L'idée est de s'autoriser… à imaginer ce que l'on s'imagine, à ressentir ce que l'on ressent… « Et tu peux écouter les bruits environnants et le bruit du silence à l'extérieur comme à l'intérieur de toi. »
- Je parsème mon discours de « peut-être », de « je ne sais pas », de « il est possible que »… Ce qui permet de ne jamais « tomber à côté » de ce que vous vous imaginez ou ressentez déjà. « Vous pourriez peut-être ressentir, maintenant ou plus tard, une lourdeur ou peut-être une légèreté… je ne sais pas… ». Cette incertitude assumée suggère que vous seul savez ce qui est vrai pour vous. Je suis implicitement en position basse, je ne sais rien, je suppose, j'interroge, je propose, je suggère. Ce qui vous responsabilise en douceur. Vous devenez alors acteur de votre changement.
- J'invite l'inconscient au premier plan. Je favorise une compréhension à un autre niveau avec le ton de ma voix. Une voix grave, ou qui descend vers les graves, s'adresse naturellement à VOTRE INCONSCIENT et VOUS INVITE À DESCENDRE EN TRANSE… étape par étape… tap… tap… page après page. Des fois, je chuchote comme pour vous faire part d'un secret.

« Tu peux choisir d'écouter, ou d'entendre en toute confiance, ma voix bienveillante, tandis que ton inconscient choisit la bonne profondeur de transe pour toi, afin de contacter cette confiance et cette sécurité intérieure… Très bien. »

Des suggestions répétées sur les sensations que vous éprouvez les déclenchent et favorisent l'apparition de phénomènes hypnotiques.

En observant votre réponse aux suggestions, j'évalue votre suggestibilité, la profondeur de votre transe et j'adapte mon discours.

Ce qui est paradoxal, c'est que vous êtes invité à vous placer dans un certain état d'esprit AFIN DE FAVORISER… le déclenchement spontané de L'ÉTAT HYPNOTIQUE !

- J'ajoute par ici et par là quelques adjectifs, « AGRÉABLE », « CONFORTABLE », et progressivement je mets plein de petits mots qui servent à faire des liaisons, « et », « tandis que », « ALORS QUE », entre des choses qui n'ont peut-être aucun rapport… entre elles… Ce qui INCITE le conscient d'une part et l'inconscient de l'autre À FAIRE DES RAPPROCHEMENTS, à se demander si c'est exact… réel, VALABLE ?… Bref le conscient est bien occupé… pendant que L'INCONSCIENT COMMENCE UN TOUT AUTRE TRAVAIL…

- J'insère aussi des points de suspension dans mon discours : le silence est une arme redoutable… pour susciter une attente… une attention particulière… une importance, AFIN DE CRÉER DES SIGNIFICATIONS, significatives peut-être pour une partie de vous-même. Quand on insiste sur certains mots en utilisant un ton de voix différent et peut-être une lenteur… l'inconscient les repère comme s'ils étaient mis en relief… Cela s'appelle le saupoudrage, ainsi sur cette page, NATURELLEMENT, chaque mot en majuscules est un mot saupoudré. L'inconscient capte ce deuxième niveau de lecture comme si tous les mots en majuscules étaient à lire à la suite. Alors depuis quatre pages qu'ai-je dit à votre partie INCONSCIENTE POUR VOTRE BIEN-ÊTRE ? Qu'a-t-elle entendu ?

Ça ne se passe pas là où l'on croit que ça se passe.

CONTOURNER LES BARRIÈRES DU CONSCIENT

L'idée est que votre cerveau valide ce que je dis, afin qu'il accepte comme vraies toutes les suggestions qui vont suivre.

- Je peux mettre en avant des vérités universelles qui ne sont que des généralisations communément admises : « *En hiver, il est agréable d'apprécier quelques rayons de soleil.* » Ce qui permet de faire passer des idées et toutes sortes de suggestions.
- Milton s'appuyait sur son ami Joe, qui avait fait ci ou ça. Aussi, sans aucun complexe, je convoque ma grand-mère : « *Ma grand-mère avait coutume de dire : il est si facile de se détendre, il suffit de laisser son esprit vagabonder...* » Ce que le conscient ne peut vérifier est accepté comme vrai.

Qu'est-ce qui n'est pas suggestion en fait... ? Qu'est-ce qui n'est pas hypnose en fait... ?

Toutes ces astuces linguistiques en disent long sur le fonctionnement de notre cerveau.

- Le choix illusoire

« Veux-tu entrer en transe rapidement ou plus lentement ? »

Pendant que vous vous demandez ce qui vous attend et ce que vous préférez, ce qui occupe votre conscient à plein régime, votre inconscient capte que de toute façon vous allez entrer en transe. (Très pratique pour inciter les enfants à faire quelque chose : *« Tu veux aller te coucher tout de suite ou dans cinq minutes ? »*)

- Les boucles de langage

« Et plus cela fait ci, et plus cela fait ça... Et plus cela fait ça et plus cela fait ci, etc. »

- L'utilisation des contraires

Ces astuces sont tellement efficaces que certaines ont été reprises dans des techniques de vente et figurent dans les cours de marketing, comme le Yes Set.

- La technique du Yes Set

C'est un ensemble de plusieurs propositions auxquelles le sujet ne peut répondre que par oui, et qui l'incitent à accepter la dernière proposition du thérapeute.

Les trois premières propositions (ici ce sont des descriptions sensorielles) sont vérifiables et vérifiées par la personne, la quatrième est acceptée comme vraie et produit son effet.

LES SECRETS DE L'APPROCHE UTILISATIONNELLE

Au-delà des astuces linguistiques, et il y en a plein d'autres, n'est-ce pas ? (le « *n'est-ce pas ?* » en est une, il appelle une réponse qui ne sera pas formulée !), qui sont autant d'outils pour favoriser la transe, il s'agit de suivre ce qui se passe pas à pas. L'observation des moindres signes non verbaux est continue, j'ajuste sans cesse, j'adapte mon attitude et mon discours. Le secret c'est de reconnaître que vous avez toujours raison, surtout quand ça ne marche pas. Par exemple, si je suggère que votre main devienne légère et que vous me répondez « *Non, elle est de plus en plus lourde* », je vais utiliser ce que vous me dites : « *Très bien, permettez alors à votre main de devenir de plus en plus lourde.* » (j'accepte de ce que vous dites, je valide votre affirmation, et je vous encourage à continuer ce que vous faites si bien). Ainsi votre signe de « résistance » est encouragé, et transformé peu à peu en signe de transe.
Il s'agit d'utiliser tout ce qui se passe.

UNE PERSONNE QUI RÉSISTE EST UNE PERSONNE DONT UNE PARTIE N'EST PAS ACCOMPAGNÉE. CE QUI RESPONSABILISE L'ACCOMPAGNANT.

LA SATURATION DU CONSCIENT

Lui chanter une chanson en oubliant des paroles...

L'idée est donc de toujours valider ce que vous faites. C'est votre séance avant tout. Et quand vous vous grattez le nez, je vous accompagne d'un « *Et vous pouvez à tout moment vous permettre de vous gratter, ce qui est bien naturel pour trouver son confort.* » Si vous déglutissez : « *Tout à fait comme ça !* » Je vous félicite presque, comme si la déglutition était le signe d'une compréhension particulière des choses. La validation de ce que vous faites s'appelle la ratification.

Dans le même genre d'idées, il peut se passer toutes sortes de choses pendant la séance : un téléphone qui sonne, un chien qui aboie. L'astuce est d'incorporer tous ces imprévus comme s'ils participaient à notre travail. Cette utilisation des événements se nomme incorporation.

- Une porte qui s'ouvre : « *Tu peux sentir sur ton visage une légère brise, une partie de toi est particulièrement attentive à toutes les sensations extérieures et intérieures.* »
- « *Et plus ça klaxonne et plus tu te détends, et plus tu te détends et plus ça klaxonne !* »

Il est évident qu'en transe un sujet n'a pas la même perception qu'en EOC (état ordinaire de conscience), aussi toutes ces phrases qui vous paraissent curieuses ici, bizarres peut-être, et maladroites, vous paraîtront formidables en transe. N'est-ce pas ?

Que veut dire ce dessin ?

– Aucune idée, répond l'inconscient. Est-il important de tout savoir ?

– Je crois que je suis en train de lâcher prise.

CONFUSION ET DISSOCIATION

Le langage spécifique, le savoir-faire d'un accompagnement, vous emmène étape par étape vers un état de confusion et de dissociation propre à l'état de transe.

Entrer dans la confusion

LA CONFUSION EST LA PORTE D'ENTRÉE À LA RÉORGANISATION DES PERCEPTIONS.

Pour favoriser la confusion, tous les moyens sont bons !

« Et pendant que le conscient se demande ce qu'il faut comprendre, alors qu'il n'y a rien à comprendre, qu'à laisser faire ce qui doit être fait, alors que l'inconscient continue de commencer ce qu'il a déjà commencé de continuer. » Comprendre quoi ? Commencer ou continuer ? Mais de quoi parle-t-on ? Il y a toutes sortes d'omissions. C'est confusant… n'est-ce pas ? Alors c'est gagné.

Ici, pour toi qui me lis, je veux me permettre d'oublier des maux... faire des fotes de français...
« Et tandis que... tu te demandes... pendant [silence] quelle partie de toi est se DÉTENDRE, comme si elle devenait plus tendre, et sans... rendre compte que dans le mot détendu il y a le tendu qui s'en va un peu plus loin... »

Et je passe ainsi du vouvoiement au tutoiement. Ce qui va faire bondir la correctrice. Et cette remarque permet plusieurs niveaux de lecture qui sont autant de niveaux de... conscience.

Éprouver la dissociation

L'hypnose est un état de dissociation. C'est donc la limite de l'autohypnose dont nous parlions précédemment, et la différence avec d'autres états de relaxation, comme la méditation ou la sophrologie. La dissociation c'est d'être à la fois ici, c'est-à-dire là, et ailleurs dans le même temps. La dissociation est le propre de la transe hypnotique.
Elle se travaille de plusieurs façons.
Dissociation : conscient/inconscient ; dissociation : spatiale/temporelle ; dissociation : corps/esprit...
Et c'est pour cela que les hypnothérapeutes évitent de travailler avec des personnes déjà dissociées (schizophrènes ou psychotiques) car il est difficile après de les réassocier. Ces personnes peuvent aussi prendre les métaphores au pied de la lettre. (Mais quelle lettre ? Y'en a 26 quand même !)
Pour créer la dissociation conscient/inconscient il suffit de s'adresser à l'un puis à l'autre, comme à deux parties distinctes...

- « Le conscient écoute, et l'inconscient comprend. »
- « Le conscient comprend que l'inconscient écoute aussi et entend tout autre chose, plus vite, plus loin, ailleurs. »

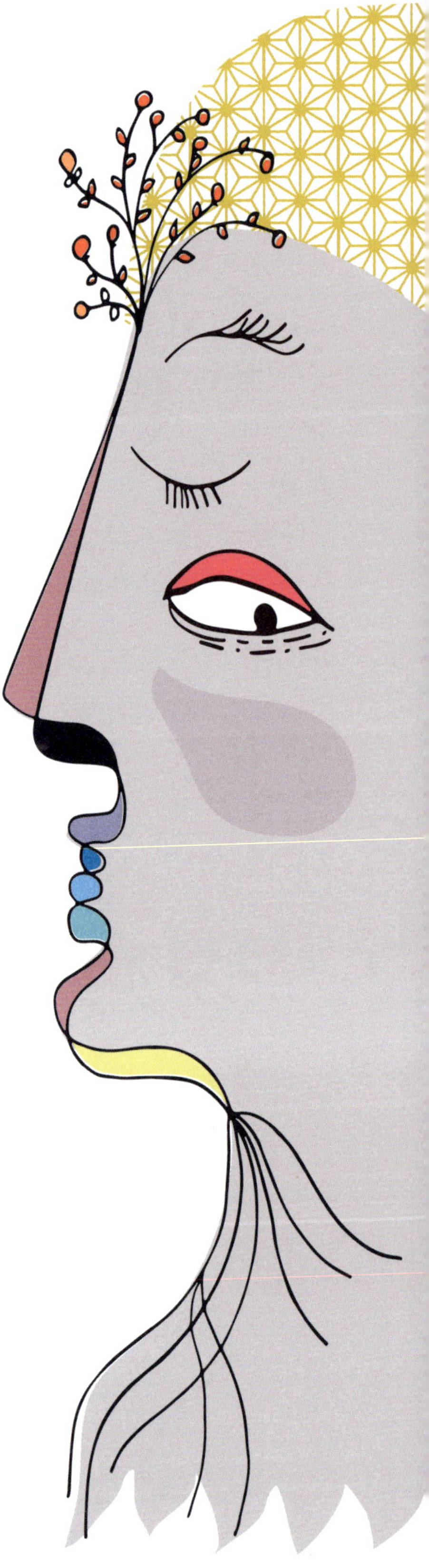

Richard Bandler s'amuse à regarder les sujets dix centimètres derrière leurs yeux, il s'adresse ainsi directement à l'inconscient et le dissocie du conscient.
Dissociation spatiale/temporelle : On ne peut pas être à deux endroits en même temps, n'est-ce pas ? « *Tout en restant en sécurité dans ce fauteuil à côté de moi, tu vas retourner sur cette plage, contempler l'océan que tu apprécies tellement.* »
Dissociation corps/esprit : « *Ce bras devient très lourd tandis que l'esprit s'allège de toutes les contraintes.* » Dire « *ce* » au lieu de dire « *votre* » bras… « *votre* »… esprit, cela, « *cette chose extérieure* » devient de fait dissocié.

Parler à l'oreille droite et gauche successivement, voire aux deux en même temps avec différents niveaux sonores, ou avec des paroles et des sons différents, s'avère très efficace pour une mise en transe rapide. Il existe de bons MP3 avec effets stéréo qui favorisent une dissociation et provoquent l'état de transe. (À ne pas écouter en conduisant.)

Avant de passer à l'étape approfondissement, je vais vérifier si vous êtes bien en transe. Impossible de vous poser la question, n'est-ce pas ? Cela solliciterait trop votre conscient et vous sortirait de transe. Heureusement, je peux calibrer* vos signes de transe.

LES SIGNES DE TRANSE

Une fixité du regard, la dilatation des pupilles. Quand le sujet garde les yeux ouverts.

Des battements de cils « papillon ».

Des déglutitions répétées ou, au contraire, absentes.

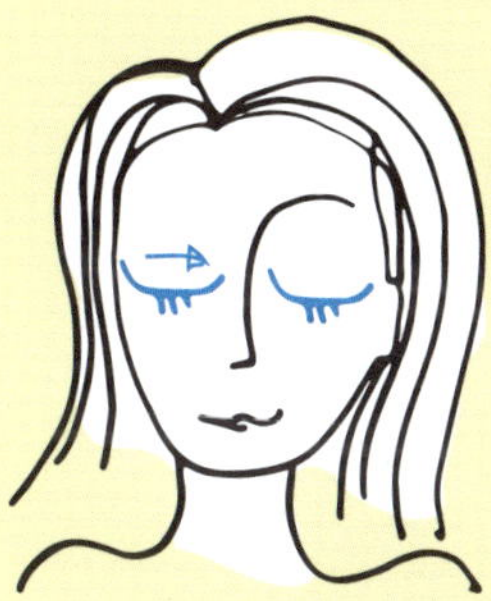

Des mouvements oculaires sous les paupières.

Un changement de coloration sur le visage, ou le cou, rougeur ou pâleur.

Un rythme de respiration plus régulier ou qui se modifie.

Des secousses musculaires, des spasmes incontrôlés...

Une détente du bas du visage...qui entraîne une plus grande symétrie faciale.

Un épaississement de la lèvre inférieure parce que la mâchoire se détend, s'ouvre, et permet un afflux sanguin.

La calibration se base sur l'observation, sur l'acuité sensorielle à noter les changements qui se produisent. La calibration, c'est le différentiel entre un état intérieur et un autre.

APPROFONDISSEMENT ET PROFONDEUR

Une fois que vous êtes entré en transe, il s'agit de stabiliser cet état et de l'approfondir. Oui, il y a plusieurs niveaux de transe. Pour un travail en ericksonien, un niveau 2 ou 3 suffit généralement.

Comme « *ce qu'on dit fait* », je peux dire tout simplement et directement : « *Tu approfondis cet état.* » Pour plus d'élégance, je procède souvent par métaphore, et, comme nous le verrons par la suite, l'inconscient est très friand de métaphores. Tout ce qui indique un déplacement, pour aller métaphoriquement d'un endroit à un autre... fonctionne : compter, descendre un escalier « *plus profond à l'intérieur* », prendre un ascenseur... suivre un chemin « *qui t'emporte porte plus loin...* ».

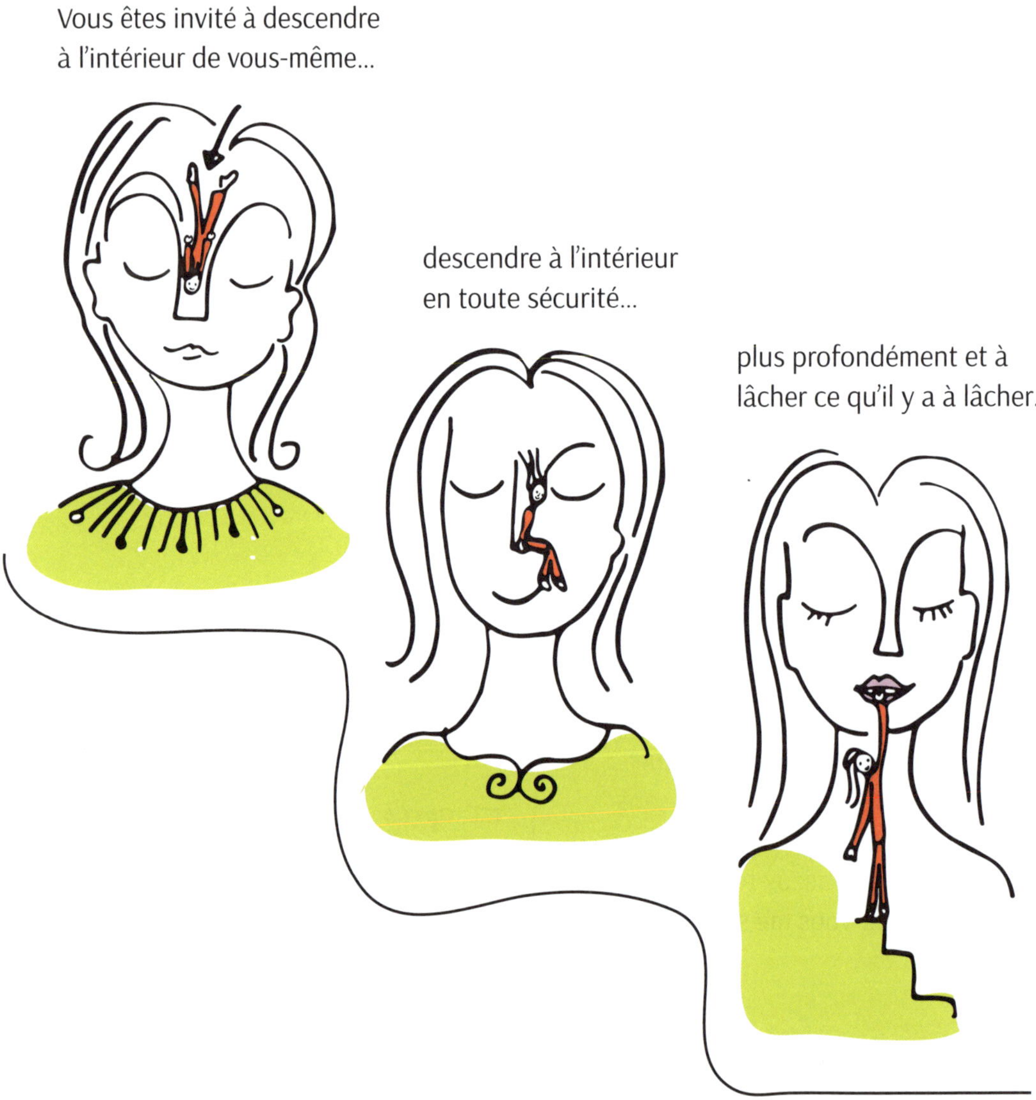

Laisser votre
inconscient
trouver la bonne
profondeur de transe...

C'est très bien.
Tout en bas des marches
de l'escalier, il y a un
couloir et vous pouvez
voir des portes...

Comme je l'ai expliqué dans l'hypnose de spectacle, plus le sujet va entrer et sortir de transe, plus il va redescendre vite et profond. C'est la magie du fractionnement. Aussi, lorsque je vous demande d'ouvrir et de fermer les yeux, cela permet ce fractionnement. On peut aussi raconter des histoires qui vont s'encastrer les unes dans les autres... c'est-à-dire que l'on parle d'un truc puis d'un autre, sans aucune transition, et en ne terminant pas l'histoire... c'est pour mieux te faire perdre le fil, mon enfant... Vous me suivez ?

Vous allez passer par différents niveaux progressivement au cours de l'induction, idem pour remonter, et je stabiliserai à un certain niveau en fonction de l'objectif de la séance. À noter que certaines personnes sont naturellement au niveau 1 ou 2 toute leur vie, elles sont presque tout le temps en transe. Pour les enfants, on dit « dans la lune », pour les adultes « dans leur bulle » ! Et moi, après une longue journée, je suis obligée de me réveiller. L'autre jour, j'ai mis du café dans ma théière ! Ce qui m'a réveillée et fait prendre conscience que j'étais tout à fait ailleurs…

LES DIFFÉRENTS NIVEAUX DE TRANSE

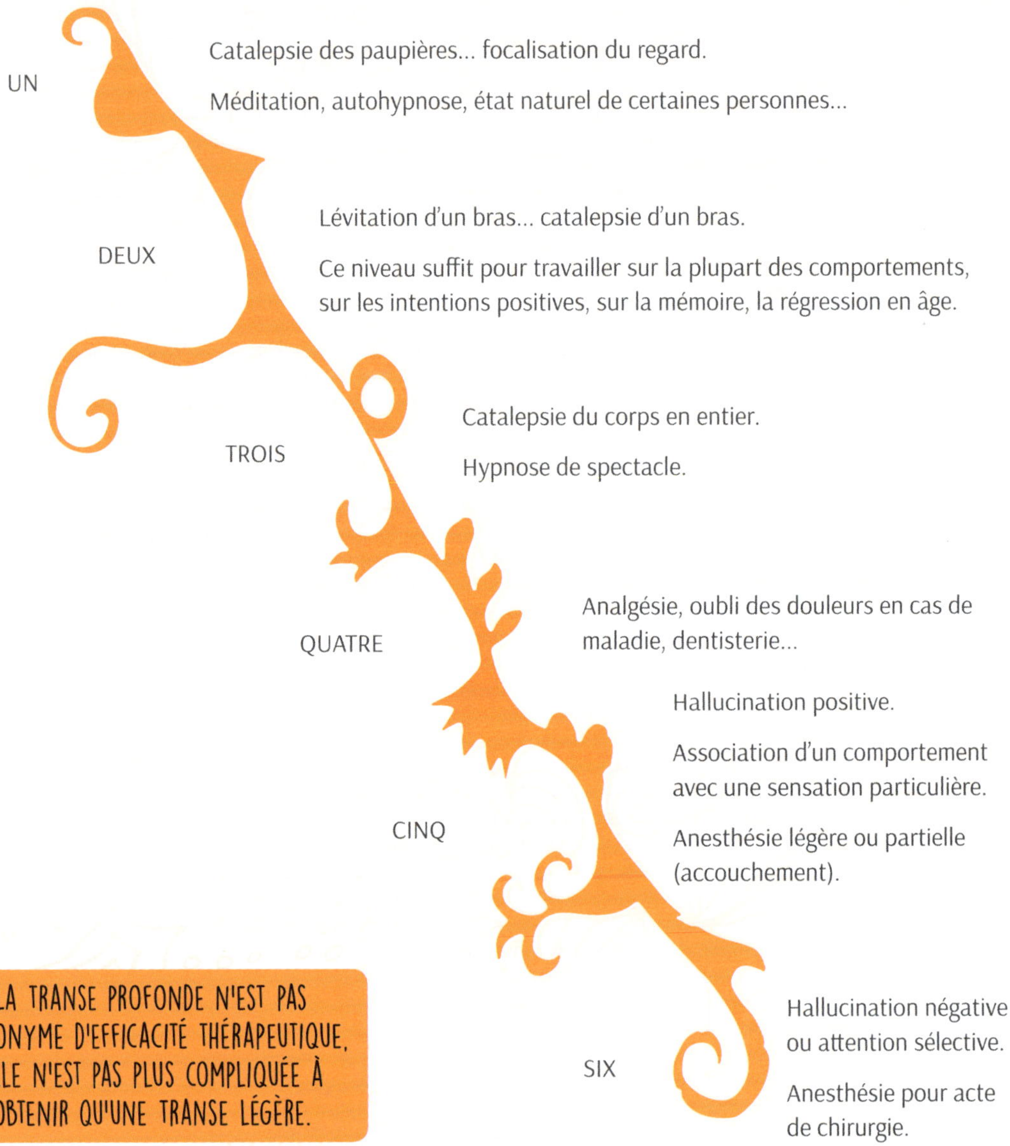

LA TRANSE PROFONDE N'EST PAS SYNONYME D'EFFICACITÉ THÉRAPEUTIQUE, ELLE N'EST PAS PLUS COMPLIQUÉE À OBTENIR QU'UNE TRANSE LÉGÈRE.

PARLER AVEC UN INCONSCIENT QUI RÉPOND

Ce n'est pas tout de raconter des histoires à une personne qui a les yeux fermés, ou les yeux ouverts et étrangement fixes. Il faut que je vérifie si votre inconscient est bien là, à l'écoute, et s'il suit le fil de l'histoire. La meilleure façon de le savoir est de dialoguer avec lui. Oui, mais comment procéder pour que votre conscient ne s'en mêle pas ? J'installe des signes précis : pour dire « oui », les doigts de la main droite vont bouger ; pour dire « non », ce seront les doigts de la main gauche. C'est demandé avec clarté, c'est une approche directe. Des fois je touche vos mains dans le même temps, pour renforcer la suggestion, non sans vous avoir prévenu. C'est comme dans le test des ballons : les doigts bougent et répondent sans que votre conscient intervienne, « ça » se produit « malgré vous » en quelque sorte. Je suis parfois plus permissive dans l'installation des signaux (idéomoteurs), surtout si j'ai complètement oublié de le faire en amont ! C'est l'approche indirecte, je demande un signe quelconque... qui veut dire « oui », sur les mains ou le visage... Les grandes qualités d'observation de Milton Erickson lui permettaient de poser une question, d'obtenir et de calibrer toute réponse corporelle inconsciente.

LE PLATEAU THÉRAPEUTIQUE OU LA MAGIE DES MÉTAPHORES

Les personnes qui consultent sont souvent bloquées par un problème au niveau conscient, par une stratégie répétitive qui n'apporte ni résolution ni satisfaction. Le langage métaphorique permet d'activer des ressources à un autre niveau, au niveau le plus puissant, le plus compétent et le plus créatif qu'est l'inconscient.

Les citations, les proverbes sont souvent des métaphores.

Chat échaudé craint l'eau froide.

Muet comme une tombe.

9. Animal mi-cheval mi-dragon imaginé par un client. (Inutile de prendre de la drogue pour éprouver des sensations incroyables !)

Les métaphores répondent aux modes de perception de l'inconscient. Elles respectent parfaitement le mode d'apprentissage du cerveau, qui se base sur la création de liens entre les nouvelles informations et les connaissances acquises. Les métaphores existent depuis la nuit des temps.

Les légendes, les mythes, les contes philosophiques, les récits fabuleux, les contes de fées, les anecdotes, les blagues, les histoires, les citations, les proverbes... sont souvent de puissantes métaphores et peuvent servir au niveau thérapeutique. Ils mettent en scène des héros incarnant des forces de la nature, dans des contextes spécifiques, et qui arrivent grâce à leurs qualités (qui sont autant de ressources intérieures) ou à des rencontres dans le monde extérieur (symbolisant leur capacité à entrer en relation) à surmonter toutes les difficultés.

métaflore

méga flore

méta phore

La métaphore permet de semer des idées pour élargir les choix et l'éventail des possibles, de suggérer des solutions en évitant les réticences (plus vous êtes méfiant, plus le sens devra être caché), de contacter ou transférer des ressources, de faciliter de nouveaux apprentissages, d'établir de nouvelles connections, de faire apparaître des nouvelles façons de penser et de ressentir...

La métaphore chemine à l'intérieur de vous. Vous allez faire des liens, établir des ponts, consciemment et inconsciemment, entre l'histoire écoutée et votre propre histoire, l'histoire que vous vous racontiez. Le sens propre s'adresse à la raison, le sens figuré à l'imaginaire.

Vous êtes transposé
dans un univers
de conte de fées.

Pendant que le conscient se perd
en conjonctures...

L'inconscient établit des liens et des ponts
au niveau inconscient, donc !

Comment ça marche ? La métaphore est donc une histoire transposée de votre problématique. C'est une comparaison déguisée qui est créée sur mesure pour vous offrir une nouvelle vision de la réalité. L'hypnothérapeute est un inventeur ou un raconteur d'histoires, il existe des répertoires de protocoles qui ont fait leurs preuves, l'idée est de les adapter pour coller au plus près de votre réalité, tout en voilant les choses.

Une seule solution (résolution) ou plusieurs sont proposées.

Reprendre les métaphores du sujet est un puissant levier pour proposer des histoires efficaces à l'inconscient qui reste le maître pour prendre ou pas ce qui est proposé. Soit le thérapeute ne donne pas le comment, mais annonce que d'une façon ou d'une autre, la solution est trouvée. C'est la métaphore ouverte. L'inconscient va devoir trouver lui-même son propre déclencheur. Vous remarquez que métaphore fermée ou ouverte, il y a toujours un « happy end ». Le changement a bien lieu. Le conscient du client est l'expert du problème, l'inconscient est toujours l'expert de la solution. Le thérapeute est toujours en position basse, il ne fait que contourner le conscient et guider l'inconscient à trouver lui-même une solution qui fonctionne.

POUR LE PLAISIR, UNE PETITE HISTOIRE...

Parce que c'était la guerre, un roi s'était réfugié dans son château. Pour bien se protéger il avait érigé des murs solides et épais.

Il avait aussi bouché les portes et les fenêtres pour se barricader contre le monde extérieur...

Les murs étaient à présent si épais qu'il avait parfois l'impression d'étouffer. Il ne voyait plus personne… et se sentait terriblement seul. Et le temps passait, identique à lui-même de jour en jour…

Je me demande bien ce que vous auriez fait à sa place… ?

Un jour, je ne sais pas pourquoi ni comment, il décida de sortir de son château pour prendre l'air.

À sa grande surprise, il s'aperçut que la guerre était finie depuis longtemps…

Il abandonna son château aux murs trop épais sans aucun regret et avec même une grande facilité, il rencontra toutes sortes de gens qui vivaient paisiblement aux alentours et même un peu plus loin.

Erickson faisait confiance à son propre inconscient pour inventer des histoires efficaces. Avec la métaphore dite ericksonienne, le sens du message est souvent très caché, seul votre inconscient peut faire le lien avec votre problématique personnelle. Les histoires, au moins trois, s'enchaînent et n'ont aucun rapport avec la situation de départ. Cependant les ressources importantes pour vous faire évoluer sont intégrées dans les histoires. Erickson saupoudrait aussi les histoires avec des proverbes, des réflexions... qui venaient offrir de multiples pistes de réflexion supplémentaires. Pour lier les histoires entres elles, il utilisait une simple association d'idées : « *Ce qui me rappelle cette histoire que m'a racontée mon ami Joe...* ».

LES SUBTILITÉS DU RETOUR À L'ÉTAT ORDINAIRE DE CONSCIENCE

Après cette phase d'histoires ou de protocoles, que l'on appelle aussi plateau thérapeutique, j'ajoute quelques suggestions directes très concrètes de façon à mettre toutes les chances du côté de l'efficacité. Et aussi pour assister à quelques phénomènes post-hypnotiques sympathiques. Revenir dans « l'ici et maintenant » en souriant.

- *« Quand tu te réveilleras dans quelques minutes, tu seras connecté à une grande joie, et terriblement fier de cette première expérience hypnotique. »*
- *« Tu vas ramener avec toi un grand plaisir de vivre, plus grand que celui que tu n'as jamais connu. »*
- *« Et tu te réveilles frais et dispo comme après une bonne nuit de sommeil… »*
- *« Tu ne pourras pas t'empêcher d'exprimer ta joie de vivre, c'est comme si tout te faisait rire. »*

Quel plaisir de vous voir tout sourire quand vous revenez à l'état ordinaire de conscience, ou plutôt à l'état extraordinaire de conscience !

FAVORISER L'AMNÉSIE

Surtout ne pas débriefer ! Il ne faut pas que le conscient s'en mêle, il va tout gâcher avec ses réflexions stériles ! Certaines personnes seraient ravies de commenter leur voyage, moi aussi des fois j'ai bien envie de savoir. Mais non, non et non. M'enfin alors ! Travailler avec l'inconscient, c'est l'idée fondamentale de l'hypnose ericksonienne. Je profite donc de la transe pour favoriser l'amnésie. Erickson a établi que l'amnésie est nécessaire pour rendre les suggestions plus efficaces.
« Et tu te souviens qu'il est important, pour le conscient, d'oublier ce qu'il n'est pas nécessaire de se rappeler... » Une très bonne méthode consiste à raconter la suite des histoires encastrées en partant de la dernière jusqu'à la première sans transition. Il se produit alors un effet d'amnésie naturelle. C'est comme quand vous êtes au téléphone, et que vous êtes interrompu dans votre conversation par un élément extérieur... comme vous vous concentrez sur autre chose sans transition, cela vous fait perde le (coup de) fil... de quoi on parlait déjà ?

Alors, le père de Milton le met sur le cheval et donne une tape sur la croupe du cheval.

Le cheval part tranquillement vers sa ferme d'origine.

Cette histoire, Milton aimait la raconter pour illustrer que l'on peut faire confiance à son inconscient.

Oui, c'est la suite de l'histoire du cheval blanc... d'Erickson, pour vous montrer le principe de l'histoire coupée en deux. Et cela me rappelle tout autre chose...

REMONTÉE ET RÉASSOCIATION

« Je serais bien restée plus longtemps, quelle détente ! » Le « *réveil* », ou retour à l'état ordinaire de conscience, se fait de façon progressive, lente ou rapide. Pour que vous vous sentiez tout à fait bien, il est fondamental de réassocier ce qui avait été dissocié, tout simplement en le suggérant directement :

- *« Et toutes les parties de votre être se réunifient, toutes les connections neurologiques se mettent en place... pour rejoindre l'ici et maintenant au compte de cinq. »*
- *« Et toutes les différentes impressions se réintègrent en vous, intégralement, avant de fermer ce livre. »*

Remonter consiste à passer d'un état intérieur à un autre, comme à l'aller, donc autant faire vivre la progression inverse de celle qui a été faite lors de l'approfondissement :

- *« Et tu remontes l'escalier qui t'avait conduit jusqu'ici... et comptes les marches en sens inverse »*... le même nombre de marches, c'est mieux, en repassant par les paysages... les histoires encastrées...
- *« Et tu prends conscience de la lumière qui filtre à travers tes paupières, du son de ma voix qui se fait plus fort, et de ton corps qui sort peu à peu de son engourdissement, des bruits extérieurs, et à ton rythme tu peux ouvrir les yeux, maintenant... »*

DÉTOURNER L'ATTENTION

« *Au réveil* », il est efficace de parler de tout autre chose, sur le ton de la conversation. Cela va permettre au cerveau de valider tout ce que s'est passé au préalable et de favoriser l'amnésie. On tourne la page, ça s'appelle la redirection d'attention.

« *Il fait beau aujourd'hui !*

– Vous connaissez l'application qui permet de... ? »

Bon, je ne vais pas non plus bâillonner les pipelets ! J'accueille avec bienveillance vos commentaires éventuels concernant l'état de transe. Vous êtes le/la seul(e) à savoir ce que vous avez ressenti. Le détournement d'attention me permet d'évaluer si vous avez bien les yeux en face des trous, et si vous allez pouvoir rentrer chez vous tranquillement.

Si nécessaire, après une séance mouvementée ou un réveil difficile, je réinduis la transe. Je procède à une réinduction pour mieux re-faire remonter la personne, plus doucement si besoin.

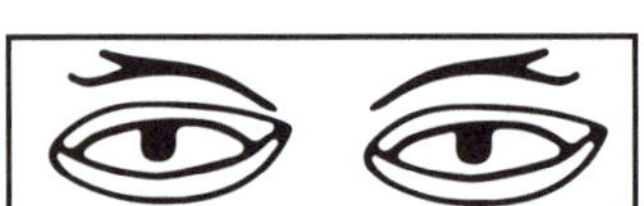

ÉPILOGUE

Alors, qu'avons-nous vécu ?

Nous avons vécu des événements que nous avons perçus avec nos cinq sens.

Nous avons goûté, et c'était fade, amer, sucré… acide…

Nous avons sélectionné ce qui nous intéressait, en fonction de notre culture, de nos croyances, de nos valeurs, de notre passé… ; nous avons filtré la réalité extérieure.

Nous nous sommes fait nos propres représentations internes de ces événements, puis nous les avons interprétées.

Ces représentations internes donnent lieu aux émotions… émotions qui contribuent à notre EI (état intérieur).

Tout cela peut se passer en quelques fractions de secondes. Réfléchir, se demander pourquoi… se désespérer, se culpabiliser… n'améliore pas la situation. Notre conscient est le spécialiste de la non-solution.

En état hypnotique, les métaphores nous permettent de transformer nos représentations internes et donc notre vécu émotionnel.

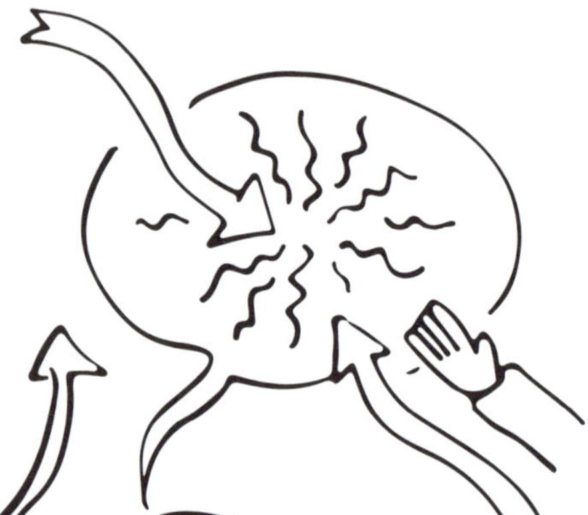

S'il n'y a pas de limite dans le mal-être, il n'y a pas de limite dans le mieux-être, n'est-ce pas ? Vous avez fait un grand pas au pays de l'hypnose et du changement, ou plein de petits pas si vous préférez, je vous remercie de m'avoir suivie jusqu'ici. Il y a encore tellement de choses à dire, à découvrir, à expérimenter. Alors je travaille déjà sur mon prochain ouvrage.

À bientôt !

Ma tête

Mes tableaux

Mon cabinet

Vous avez des questions, des interrogations ?
Vous pouvez me les adresser par mail : catherine.lefaivre@gmail.com
www.hypnotherapie-angers.com
www.blog.katherine-roumanoff.com

LEXIQUE

Amnésie : Perte d'information consciente concernant les sujets évoqués ou le déroulé lors d'une séance d'hypnose.

Ancre : Stimulus extérieur qui déclenche une réponse interne ou externe, affective ou comportementale.

Approche utilisationnelle : l'observation des réactions du sujet (calibration) et de ses préoccupations (carte du monde) permet une approche personnalisée.

Approfondissement : Suggestions ou actions qui permettent d'installer plus profondément la transe hypnotique.

Calibrer (calibration) : Évaluer l'état intérieur d'une personne en observant le différentiel des signes extérieurs (langage verbal et non verbal).

Carte du monde : Représentation de la vision de la réalité du monde d'une personne. Chacun possède sa propre carte du monde.

Croyance aidante : Phrase que l'on considère comme vraie et qui encourage une attitude positive.

Croyance limitante : Phrase que l'on considère comme vraie et qui entraîne une vision négative de soi-même.

Description sensorielle : Description de ce qu'une personne perçoit par un de ses cinq sens.

Dissociation : État intérieur où la personne dissociée est psychiquement à deux « endroits » en même temps. (À ne pas confondre avec la dissociation qui consiste à se visualiser en train de faire quelque chose.)

État intérieur : Ce qu'expérimente subjectivement une personne à un moment donné.

Histoire encastrée : Histoire qui s'arrête avant la fin et dans laquelle s'imbrique une autre histoire, sans qu'il y ait de transition ou de relation entre les deux. Quand on prend connaissance de la suite de l'histoire, le conscient oublie tout ce qui s'est passé entre les deux, ce qui favorise l'amnésie.

Inconscient : Concept de psychologie qui désigne l'activité psychique se déroulant hors de la sphère consciente dans l'esprit d'un individu.

Incorporation : Signe extérieur, ou événement, qu'on intègre comme faisant partie du processus global de la séance.

Ratification : Confirmation à voix haute d'un signe extérieur observable, conscient ou inconscient, du sujet.

Réassociation : Retour à l'état ordinaire de conscience.

Signes idéomoteurs : Réponse corporelle donnée par l'inconscient.

Suggestion : Idée qui s'insinue dans l'esprit.

Suggestibilité : Disposition d'une personne à répondre facilement aux suggestions.

Synchroniser : Adopter la même attitude qu'une autre personne en même temps, du langage à la posture en passant par la respiration, afin d'être au plus près de son expérience.

Transe : État d'hypnose.

BIBLIOGRAPHIE

Les secrets de la communication : Les techniques de la PNL, Richard Bandler et John Grinder, Les Éditions de l'Homme, coll. « Alter ego », 2005.

Transe-formations : Programmation Neuro-Linguistique et techniques d'hypnose ericksonienne, Richard Bandler et John Grinder, InterÉditions, 1998.

Traité pratique de l'hypnose : La suggestion indirecte en hypnose clinique, Milton H. Erickson, Ernest Rossi, Sheila Rossi, Éditions Grancher, 2006.

Contes et métaphores thérapeutiques : Apprendre à raconter des histoires qui font du bien, David Gordon, InterÉditions, 2006.

Un thérapeute hors du commun : Milton H. Erickson, Jay Haley, Desclée de Brouwer, 2007.

Le Monde du sommeil, Peretz Lavie, Éditions Odile Jacob, 1998.

Ma voix t'accompagnera, Milton H. Erickson raconte, Textes établis et commentés par Sydney Rosen, Hommes et Groupes, 1998.

Qu'est-ce que l'hypnose ?, François Roustang, Les Éditions de Minuit, 2002.

Espoir et résilience : Comprendre les stratégies thérapeutiques de Milton H. Erickson, Dan Short, Éditions Satas, 2009.

Un séminaire avec Milton Erickson, Jeffrey K. Zeig, Satas, 2009.

L'intégrale des articles de Milton Erickson sur l'hypnose, Tome 1, *De la nature de l'hypnose et de la suggestion*, « Le Germe », Satas, 2009.

REMERCIEMENTS

Je remercie infiniment mes professeurs d'hypnose de l'Institut Psynapse (www.psynapse.fr), et plus particulièrement Frank Platzek (hypnose ericksonienne) et Philippe Vernois (hypnose spirituelle) qui ont validé cet ouvrage.

Philippe Vernois   Frank Platzek

Dépôt légal : juillet 2016
Imprimé en Slovénie par GPS